Descubre los insectos

David Suzuki
En colaboración con Barbara Hehner

COLECCIÓN DIRIGIDA POR CARLO FRABETTI

Título original: *Looking at Insects*
Publicado en inglés por Stoddart Publishing Co. Limited

Traducción de Irene Amador

Diseño de cubierta: Valerio Viano

Ilustración de cubierta: Horacio Elena

Ilustraciones del interior: © 1986 by R. Tuckerman

Distribución exclusiva:
Ediciones Paidós Ibérica, S.A.
Mariano Cubí 92 – 08021 Barcelona – España
Editorial Paidós, S.A.I.C.F.
Defensa 599 – 1065 Buenos Aires – Argentina
Editorial Paidós Mexicana, S.A.
Rubén Darío 118, col. Moderna – 03510 México D.F. – México

© 1986 by David Suzuki and Barbara Hehner

© 2003 exclusivo de todas las ediciones en lengua española:
 Ediciones Oniro, S.A.
 Muntaner 261, 3.º 2.ª – 08021 Barcelona – España
 (oniro@edicionesoniro.com – www.edicionesoniro.com)

ISBN: 84-9754-051-4
Depósito legal: B-1.568-2003

Impreso en Hurope, S.L.
Lima, 3 bis – 08030 Barcelona

Impreso en España – *Printed in Spain*

Índice

A Alice y Chet Emburry, con cariño,
y en memoria de Setsu Makamura Suzuki

La redacción de este libro fue posible gracias a una beca GP85-00012 del Programa Público para el Conocimiento de la Ciencia y la Tecnología (Public Awareness Program for Science and Technology Grant GP85-00012). Los autores quieren dar las gracias al doctor Stephen Tobe del Departamento de Zoología de la Universidad de Toronto por los provechosos comentarios que hizo sobre el manuscrito.

NOTA IMPORTANTE PARA NIÑOS Y ADULTOS

Verás este ✋ signo de advertencia en algunos
de los apartados titulados **EXPERIMENTO**.
Significa que debes pedir ayuda a una persona
mayor. Para realizar el experimento,
tal vez necesites utilizar agua hirviendo
o cortar algún objeto con un cuchillo.
Debes tener siempre mucho cuidado.
Y para que las personas mayores no se aburran
tanto, vamos a pedirles que colaboren
en los experimentos, ¿o es que sólo
van a divertirse los niños?

Introducción

Cuando empleamos el término «Naturaleza» ¿a qué nos referimos? Probablemente a los árboles, peces, pájaros y mamíferos, cosas grandes y fácilmente visibles. Pero la naturaleza está plagada de pequeñas criaturas que son tan diminutas como variadas e interesantes: el mundo de los *insectos*. En el centro de una gran ciudad, incluso, puedes encontrar una gran variedad de insectos. Desde preciosas mariposas y polillas a laboriosas abejas y hormigas obreras o fastidiosas moscas y mosquitos. Los insectos constituyen una parte importante del mundo que nos rodea.

Para apreciarlos en todo su valor, trata de imaginar lo que sería nuestra vida si de repente nos viéramos reducidos al tamaño de una mariquita. Las briznas de la hierba nos parecerían árboles gigantescos. Todo nuestro entorno sería amenazante y los pájaros, las arañas y otros animales gigantes intentarían devorarnos. ¿Cómo podríamos desplazarnos para encontrar alimentos, dónde viviríamos y cómo localizaríamos a nuestros semejantes? Después de esta reflexión, creo que verás a los insectos como algo mucho más interesante.

Durante toda mi vida he coleccionado insectos. Cuando era pequeño tenía montones de frascos y latas llenos de bichos. Afortunadamente, mi madre y mi padre me alentaban en vez de atosigarme. Todavía, hoy día, me descubro mirando durante horas a las hormigas. Por eso me sorprende tanto cuando la gente frunce el ceño y dice: «¡Insectos, puaf! ¡Largo de aquí!». Esto sucede porque ven a los insectos simplemente como bichos y no les gustan. Espero que después de que hayas leído este libro y descubierto algunos insectos, estés de acuerdo conmigo en que son unos amigos maravillosos a la par que fascinantes.

DAVID SUZUKI

El mundo de los insectos

Un universo pequeño y desconocido

Imagina que haces un largo viaje hacia atrás en el tiempo, tan lejano que te sitúas en el mundo de hace 300 millones de años. Descubres un planeta muy caliente y húmedo. Con grandes extensiones de tierras pantanosas. No ves árboles y, sin embargo, te topas por doquier con helechos gigantescos.

¿Qué es esa cosa que vuela hacia mí? Es una libélula, pero ¡tan grande como una gaviota! Cuesta trabajo esquivarla cuando te sobrevuela. No puede asustar a nadie más, porque no hay ninguna persona en los alrededores. El primer ser humano no aparecerá hasta mucho, mucho tiempo después. ¡Los insectos son 300 veces más antiguos que nosotros!

Haz otro viaje, ahora, esta vez hasta el presente y aterriza en un parque cercano a tu casa. Qué agradable y tranquilo parece una tarde de verano. Pero si observas con atención, descubrirás un extraordinario mundo en ebullición. Te rodean un montón de insectos que se arrastran por la hierba, construyen madrigueras bajo las piedras y zumban y revolotean por el aire. Están emprendiendo sus primeros vuelos, construyendo ciudades subterráneas y combatiendo en duras batallas. Ninguno alcanza un tamaño semejante al de la libélula prehistórica, así que es fácil olvidarse de que están por doquier.

En un metro cuadrado del parque quizá haya entre 500 y 2.000 insectos. ¡En un par de kilómetros cuadrados probablemente haya más insectos que seres humanos en todo el mundo!

Los insectos viven en cualquier parte: en la tierra, los árboles, el subsuelo, el agua dulce y salada, el hielo y la nieve y los pozos de petróleo. Algunos dedican su vida a eliminar a otros animales e, incluso, viven en su interior. Los insectos pueden comer casi cualquier cosa. Los hay que comen carne, otros frutas y verduras. Algunos beben el jugo de las flores y otros se beben tu sangre. Otros, incluso, se comen la madera.

Los estudiosos de los insectos han descubierto más de un millón de tipos diferentes. Cada año se descubren miles de tipos nuevos y quedan otros tantos por descubrir. Los insectos pueden ser de cualquier color. No importa las enormes diferencias que existen entre ellos, todos son insectos. Básicamente tienen las mismas partes en su cuerpo. Todos tienen cabeza, *tórax* (la zona central), y *abdomen* (parte trasera).

Todos los insectos tienen seis patas, unidas al tórax. ¿Cómo se mueven con seis patas? ¿Cada vez con una ? ¿Un par cada vez? Te lo explicaré: mueven la pata delantera y trasera derechas al mismo tiempo que la pata *izquierda* central. Cuando bajan éstas, levantan la delantera y trasera izquierdas y la central *derecha*. ¿Qué te parece? Tal vez ahora te alegres de tener sólo dos piernas de las que preocuparte.

Muchos insectos adultos también tienen uno o dos pares de alas unidas al tórax.

¿Has visto alguna vez a una mosca o una abeja volar hacia una pared o una ventana y después de zumbar furiosamente largarse en otra dirección? Si chocas contra

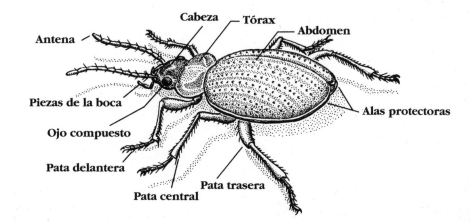

una pared es probable que te hagas una buena herida. ¿Por qué no les pasa los mismo a los insectos? Pues porque poseen una armadura. En vez de tener huesos en el interior como nosotros, los insectos tienen un duro esqueleto externo, llamado *exoesqueleto* (*exo* es una partícula griega que significa externo).

En su interior, los insectos también son muy distintos de nosotros. Aunque respiran aire, no tienen pulmones. Respiran a través de unos pequeños tubos con aberturas en los laterales de su cuerpo. Tampoco tienen vasos sanguíneos. La sangre fluye libremente por su cuerpo. Pueden ser amarillos o verdes, pero no es normal que sean rojos. La sangre roja que ves cuando matas un mosquito, es muy posible que sea tuya.

Vamos a concentrar nuestra mirada en este pequeño y desconocido mundo que nos rodea. ¿Quién sabe qué aventuras nos depara?

EXPERIMENTO

Cómo capturar insectos sin lastimarte

La mayor parte de los insectos no son peligrosos ni dañinos. De hecho, el verdadero peligro para *ellos* eres *tú*, salvo que los trates con mucho cuidado.

Material necesario
Un vaso de plástico transparente
Un trozo de cartón

Procedimiento
I. Cómo capturar a los insectos voladores

1. Espera hasta que el insecto esté ocupado chupando el néctar de una flor o tranquilamente posado sobre una hoja. Coloca el vaso boca abajo sobre la flor o la hoja. Si el insecto se diera cuenta de que corre peligro, saldría volando a toda velocidad. Desliza con rapidez el cartón por debajo del borde del vaso.

2. Mantén el cartón contra el borde del vaso y traslada el insecto hasta la superficie de una mesa. Deposita el vaso. Ahora puedes deleitarte mirando a tu presa a través del vaso.

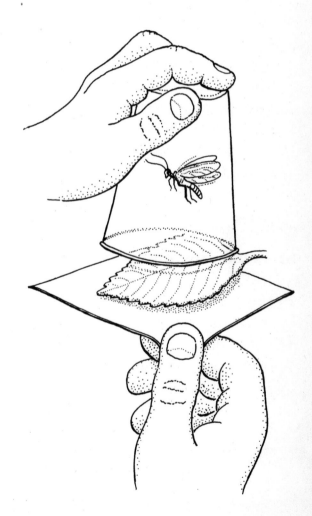

II. Cómo capturar insectos neurópteros

1. En las noches de verano encontrarás neurópteros posados sobre las cortinas de las ventanas. Tienen unas alas muy grandes que sobresalen de sus cuerpos. Puedes cogerlos con mucho *cuidado*, sujetando la punta de sus alas con tus dedos pulgar e índice. Deposítalo en tu jaula de insectos. (Aprenderás a construir una jaula de insectos en la página 13.)

También puedes utilizar en este caso el método anterior: vaso y cartón.

III. Cómo capturar mariquitas

1. Humedece la yema de uno de tus dedos. Colócala con suavidad sobre el dorso de la mariquita que quedará pegada a tu dedo el tiempo suficiente para que la deposites en la jaula.

IV. Cómo capturar hormigas y otros insectos que se arrastran

1. Deposita una hoja de papel en un sendero de insectos. Cubre a los insectos con el vaso de plástico. Ten cuidado de no dañar ninguna de sus patas con el borde del vaso. Trasládalos hasta un lugar donde puedas observarlos con atención.

V. Insectos que no deben ser capturados:

1. Abejas y avispas. No es muy agradable que te piquen con su aguijón. Míralas a una distancia prudencial.

2. Libélulas. Es muy difícil capturarlas, salvo que tengas una red. Incluso en ese caso, hay que tener una gran habilidad para cazarlas. Obsérvalas en el exterior.

3. No cojas con las manos escarabajos de agua o terrestres. Algunos pueden propinarte una picadura dolorosa.

Una jaula de aumento para insectos

A veces resulta muy cómodo tener una jaula de insectos para poder observarlos con atención antes de soltarlos. En este experimento y en el de la página 15, aprenderás a fabricar dos jaulas muy fáciles.

Material necesario

Un vaso de plástico transparente
   (de plástico blando)
Una lupa con un diámetro de 8 cm
   aproximadamente
Tijeras
Cinta métrica o regla
Cinta adhesiva

Procedimiento

1. En primer lugar, prueba la lupa. Descubre a qué distancia debes mantenerla para apreciar con nitidez un objeto. Utiliza la regla o la cinta métrica para medir la distancia.

2. Mide esta distancia sobre el vaso, tomando como punto de referencia el borde.

3. Recorta con las tijeras el fondo del vaso. Ahora tendrás un tubo de plástico abierto por los dos extremos.

4. Pon la lupa sobre una de las aberturas del tubo de plástico. Elige el extremo que se ajuste mejor a la lupa.
Utiliza la cinta adhesiva para fijar la
lupa al plástico.

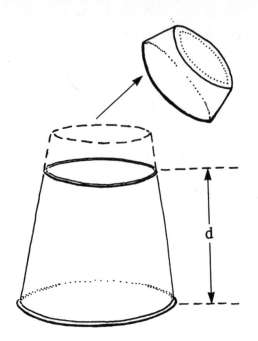

5. Ahora tienes una jaula de aumento
para insectos. A través de sus pare-
des, podrás apreciar la vida del insecto a su tamaño natural. Por el lado
de la lupa, observarás los detalles del
insecto.

6. Captura un insecto con suavidad (*véase* página 11) y colócalo en la jaula.
Cuando hayas terminado tu observa-
ción, suéltalo.

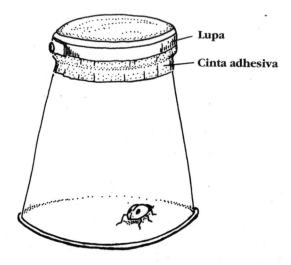

Lupa

Cinta adhesiva

Jaula portátil

Construye una jaula de mano y llévala contigo cuando salgas a pasear por el campo.

Material necesario

Un trozo de tela metálica de 20 × 20 cm
  (puedes comprarla en una ferretería)
Trozos pequeños de alambre o varios
  cierres del pan de molde
Cinta adhesiva
Tapas de botes profundas (por ejemplo,
  de sprays)
Un limpia pipas largo

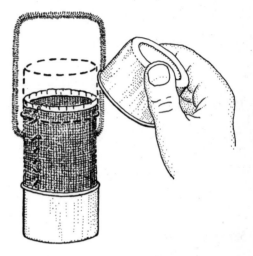

Procedimiento

1. Enrolla la tela metálica de forma que encaje uno de los lados. Une los extremos del tubo con los trozos de alambre.

2. Cubre los extremos de los alambres y de la tela metálica con cinta adhesiva para que no te arañes.

3. Coloca el tubo metálico sobre una de las tapas. El extremo abierto será la parte superior de tu jaula de insectos. Une el limpia pipas a la tela metálica de manera que quede un asa amplia con la suficiente amplitud como para ponerle una tapa y poder sujetarla con facilidad para transportarla.

4. Pon una tapa sobre la parte superior y sal a dar un paseo con tu jaula portátil. Puedes mantener a los insectos en esta jaula durante un período corto de tiempo, el suficiente para mirarlos con atención o enseñárselos a tus amigos. Luego suéltalos.

Una colección de insectos instantánea

Es muy probable que en tu propia casa tengas una estupenda colección de insectos. ¿Qué te parece? Vamos a mirar. Aunque pertenezcas a ese tipo de personas que les da un poco de repelús tener un insecto sobre la mano, tal vez descubras que te gusta mirarlos cuando están muertos.

Material necesario

Una caja de cartón
Una lupa
Un poco de plastilina
Algunos alfileres largos

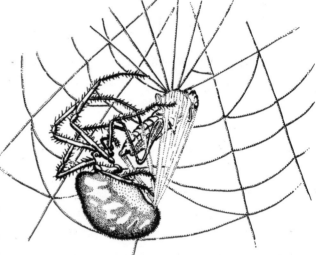

Procedimiento

1. Mira en el alféizar o entre las cortinas y el cristal de la ventana. Si tienes suerte, encontrarás algunos insectos muertos en esta zona. ¿Qué actitud debes adoptar cuando descubras un insecto muerto? Guárdalo en tu caja de cartón. Sujétalo con mucho cuidado, pues se rompen con gran facilidad.

2. Es muy posible que encuentres insectos en las lámparas que no se hayan limpiado recientemente. Seguramente en las lámparas de techo descubrirás una buena colección. Pide a una persona mayor que te ayude a desenroscar la pantalla. Luego sujétalos con los dedos y deposítalos en tu caja de cartón.

3. Descubrirás un tipo especialmente interesante de insectos muertos en las telas de araña. Algunas arañas envuelven a sus presas en su hilo de seda de forma que quedan momifica-

das. Si desenrollas los hilos con gran cuidado, descubrirás en el interior el cuerpo de un insecto. Las arañas succionan los jugos de sus presas, dejando únicamente el esqueleto externo del insecto.

4. ¿Cuántos tipos de insectos diferentes puedes encontrar? ¿Encontrarás algo que *no sean* insectos? ¿Cómo puedes averiguarlo? Saca de la biblioteca un libro de insectos y localiza los nombres de los bichos de tu colección. Debes observarlos con una lupa.

5. Puedes hacer un montaje con un par de ejemplares de tu colección. (*No* utilices aquellos que estén muy secos y que lleven tiempo tirados por ahí.) Te explicamos cómo hacerlo. Clava un alfiler en la parte inferior del abdomen del insecto. Haz una bola de plastilina. Clava la cabeza del alfiler sobre la plastilina. Pega la bola sobre un cartón y escribe el nombre del insecto.

6. ¡Lávate las manos cuando hayas terminado de manipular a los insectos!

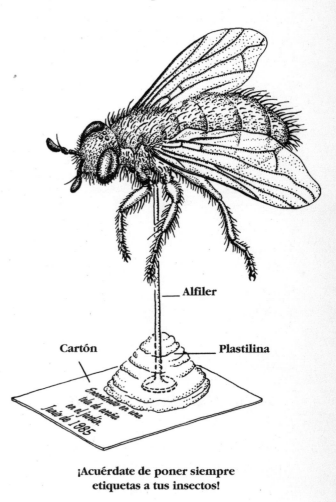

Alfiler

Cartón

Plastilina

Encontrado en una tela de araña en el jardín. Junio de 1885

¡Acuérdate de poner siempre etiquetas a tus insectos!

17

Los insectos más grandes del mundo

¿Puedes imaginarte a un insecto casi el doble de largo que un lápiz? Los cuerpos de los insectos palo de Indonesia miden unos 33 cm de longitud. Un lápiz suele medir unos 19 cm de longitud.

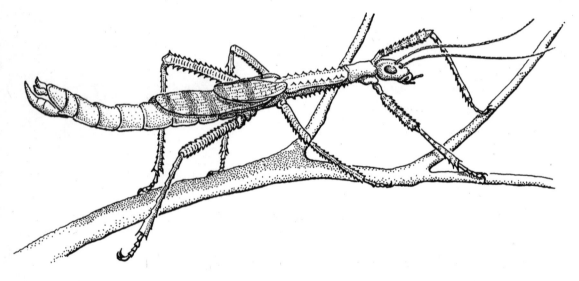

Equipo olímpico de salto: división de insectos

¿Cuáles crees que son los insectos que más saltan? Probablemente, la mayor parte de la gente piensa que son los saltamontes. No obstante, y teniendo en cuenta su tamaño, las pulgas son las campeonas. Efectivamente, esas criaturas diminutas y fastidiosas que viven en los perros y los gatos y en otros muchos animales también, y que además pican. Una pulga puede dar un salto en el aire de unos 20 cm. No parece gran cosa. Pero hay que tener en cuenta que mide unos 2 mm de longitud, lo que significa que salta cien veces su propia altura.

¿Has visto alguna vez una metamorfosis?

¿Has oído alguna vez decir a alguien que los gatos tienen siete vidas? Por supuesto, esto no es cierto. La gente lo dice porque a veces parece que los gatos sobreviven a caídas y accidentes que habrían matado a otras criaturas. Sin embargo, podríamos decir, sin faltar a la verdad, que los mamíferos tienen *dos* etapas vitales. (Los mamíferos son los animales que engendran crías, en vez de poner huevos, y las alimentan con su leche. Los gatos son mamíferos, igual que los seres humanos.)

En la primera etapa de tu vida, flotabas en un líquido en el interior del cuerpo de tu madre, pero no te ahogabas. Cuando naciste ya habías alcanzado el tamaño de un bebé, suficiente para poder vivir fuera de tu madre y respirar aire. Al nacer, empezó tu «segunda vida».

La mayoría de los insectos experimentan más cambios que nosotros, ellos pasan *cuatro* etapas en su vida. A estos cambios los llamamos *metamorfosis*. Los insectos cambian tanto en sus distintas etapas que resulta difícil pensar que se trata de la misma criatura.

Prácticamente todos los insectos atraviesan una primera etapa en forma de diminutos *huevos,* que pone un insecto hembra. Los insectos pueden poner cada vez cientos de huevos. ¿Qué crees que sale cuando se rompen los huevos? No aparecen insectos bebés, como cabría esperar. Por el contrario, son cosas pequeñas, semejantes a los gusanos, y que se llaman *larvas*.

Las larvas son tan distintas de los insectos adultos que a veces reciben otros nom-

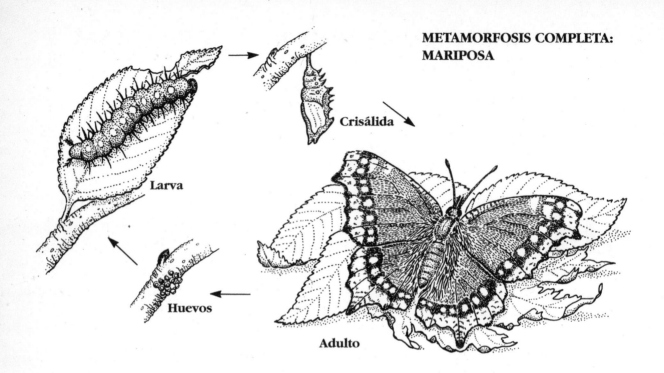

METAMORFOSIS COMPLETA: MARIPOSA

Crisálida

Larva

Huevos

Adulto

bres. Los *gusanos* que habrás visto alguna vez sobre un animal muerto o carne podrida, son las larvas de las moscas. Las *orugas* vellosas son las larvas de las mariposas y las polillas.

Las larvas sólo desempeñan una función a lo largo de su vida: comer y comer y comer. Como te puedes imaginar, crecen con gran rapidez. ¿Pero cómo crecerías tú si tuvieras un esqueleto externo? Tú no puedes, pero el caparazón de las larvas se raja por el dorso del tórax y la larva, contoneándose, se desprende de él. Transcurridas unas cuantas horas, su exterior se ha endurecido formando un esqueleto nuevo y más grande. Las larvas atraviesan este proceso muchas veces hasta que termina su crecimiento.

¿Cuál es el siguiente estado en la aventura de la vida de un insecto? Pues se convierte en una *crisálida*. Crisálida es el término latino de *muñeca*. Las crisálidas pare-

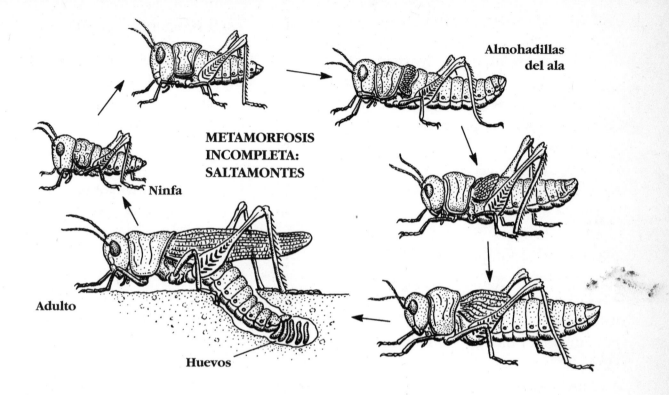

METAMORFOSIS INCOMPLETA: SALTAMONTES

Almohadillas del ala

Ninfa

Adulto

Huevos

cen pequeñas muñecas arropadas con mantas. En algunos casos, como por ejemplo la larva de la polilla, se envuelven en capullos de seda.

En el interior de su caparazón, la larva se convierte en una masa blanda. Luego sucede algo sorprendente. Se reconstruye a sí misma en un insecto adulto. Este insecto adulto no se parece nada a la larva que se convirtió en crisálida. Después de varias semanas o meses, cuando el clima es el apropiado, el insecto sale del caparazón externo que recubría a la crisálida. Ahora comienza su cuarta y última etapa.

Unos cuantos insectos, entre los que se incluyen los saltamontes y las libélulas, no atraviesan todas estas etapas. Sufren una *metamorfosis incompleta*. Las crías que salen del huevo son parecidas a los insectos adultos. Estas crías se llaman *ninfas*. Las ninfas de los saltamontes no tienen alas. Cuando crecen y les nace el esqueleto externo, van saliéndole las alas poco a poco.

¿Por qué los insectos atraviesan todos estos cambios? Son el alimento de otros muchos animales, inclusive de otros insectos. Su capacidad de iniciar la vida en forma de diminutos huevos en vez de como bebés, les permite ser mucho más numerosos. Incluso en el caso de que otros animales los devoren antes de alcanzar el estado adulto, algunos sobrevivirán.

Es frecuente que las larvas y las ninfas se alimenten de forma diferente a sus padres. Las ninfas de las libélulas tienen agallas y pueden respirar bajo el agua. Su alimento lo encuentran ahí. Cuando crecen, viven en el aire y capturan otros insectos alados. Esto significa que los padres y los descendientes no tienen que competir por los alimentos, aunque vivan cerca unos de otros.

Los insectos se *especializan* en cosas diferentes a lo largo de las etapas de su vida. Las larvas no se mueven, sólo comen. Cuando hace frío y escasea la comida, se transforman en crisálidas. Éstas no necesitan comer. Muchos insectos adultos tampoco necesitan comer mucho. Han almacenado en su cuerpo alimento suficiente durante su etapa de larvas.

Muchos insectos adultos tienen alas, pueden volar para emparejarse. Luego, las hembras buscan un buen lugar para poner sus huevos. Y todo comienza de nuevo.

Nido para gusanos de la harina

En realidad, los gusanos de la harina no son lombrices, son larvas de pequeños escarabajos negros. Las venden en las tiendas de mascotas como comida para las ranas y serpientes. Sin embargo, si tú las alimentas a ellas podrás observar el ciclo vital completo de un insecto.

Material necesario

2 o 3 docenas de gusanos de la harina
 (puedes comprarlas o encontrarlas
 entre la harina vieja que haya estado
 mucho tiempo guardada)
Una caja de plástico con tapa
Un trozo de arpillera o cualquier otra
 tela semejante (de un tamaño
 que se ajuste a la caja)

Procedimiento

1. Haz cinco o seis agujeros sobre la tapa de la caja, de forma que entre aire para que respiren los gusanos de la harina.

2. Recorta unos trozos pequeños de tela y colócalos a modo de cortinas sobre los agujeros. Pégalos.

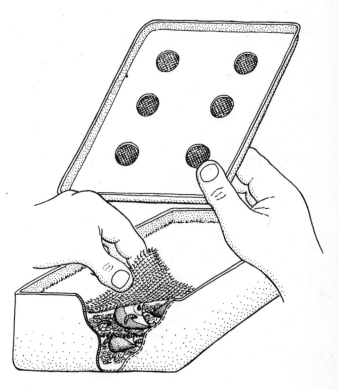

3. En el interior de la caja, coloca capas de comida, gusanos de harina y arpillera. Primero pon una capa de copos de avena de 1 cm aproximadamente. Encima, unas finas rodajas de patata o de manzana. Luego deposita una docena de gusanos. Cúbrelo todo con la pieza de arpillera. Repite las capas hasta que la caja esté llena o se acaben los gusanos de la harina.

4. Coloca la tapa. Déjala a temperatura ambiente. Después de algunos días, las larvas (gusanos de la harina) que dejaste en la caja se han convertido en crisálidas. En un par de semanas, aparecerán unos escarabajos adultos. ¿De dónde han salido? Los escarabajos adultos pondrán huevos entre las capas de arpillera. ¿Qué piensas que saldrá de los huevos?

5. Puedes mantener este criadero de gusanos de la harina durante un mes. Luego debes limpiar la caja y reaprovisionar con comida fresca.

ESTAPAS VITALES DE LOS GUSANOS DE LA HARINA

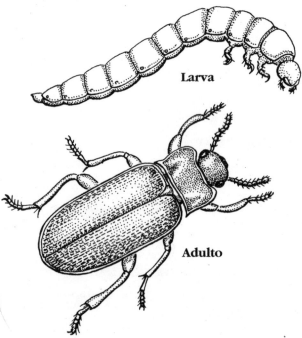

Larva

Adulto

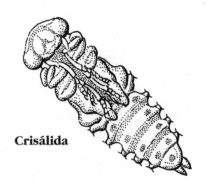

Crisálida

Imaginemos

Imagina que un par de moscas comunes se aparean en abril. La hembra pone algunos huevos. Supón que de todos estos huevos nacen larvas. Imagina que todas las larvas sobreviven y llegan al estado adulto, que se aparean y ponen huevos. Imagina que sucede a lo largo de todo el verano. ¿Cuántas moscas nacerán de esta primera pareja de abril? ¡190.000.000.000.000.000.000! Podrían cubrir la Tierra entera hasta una altura de 14 m.

Esto no va a suceder, por supuesto. Todo los seres vivos del mundo empezarán a actuar: la gente las aplastará o les echará insecticida. Los pájaros y otros animales se las comerán. Millones y millones morirán. Te das cuenta ahora por qué las moscas siempre son unos huéspedes fastidiosos.

Una historia de terror de insectos

La avispa madre trabaja duro para preparar un nido de barro para sus huevos. Luego sale a buscar una araña gorda y jugosa. Cuando la encuentra, la paraliza con su aguijón. Después la arrastra hasta su nido. La araña está viva, pero no puede mover ni un músculo. La avispa madre sella el nido, con los huevos y la araña en el interior. Luego se marcha volando. Cuando las larvas de avispa salen de los huevos, les está esperando su comida. Las larvas se comen primero las partes menos importantes de la araña. De esta manera, la araña permanece viva durante mucho tiempo, justo hasta que se comen sus órganos vitales. ¡Uf! Suena bastante cruel, ¿no es cierto? La mayoría de insectos no tienen otra elección; tienen que matar a otras criaturas para poder sobrevivir. Y las avispas madres no tienen neveras. Es la única forma que tienen para poder dar alimento fresco a sus crías.

Narra la biografía de un insecto

¿Cómo crees que se siente una oruga cuando su piel está demasiado tirante? ¿Con picor y desasosiego? ¿Qué puede sentir una mariposa cuando descubre por primera vez que puede volar? Puedes escribir un cuento o dibujar un cómic sobre los insectos en sus cuatro «vidas». ¿A qué aventuras y peligros se enfrentará? ¿Qué etapa de su vida crees que es la mejor? ¿Por qué?

¿Cómo se defienden los insectos?

¿**H**as oído zumbar a los murciélagos en el aire por la noche? Están capturando montones de insectos. ¿Has visto alguna vez saltar a un pez en un lago? También persigue insectos. Los insectos son el desayuno, la comida y la cena de multitud de criaturas, por lo que no les ha quedado más remedio que desarrollar estrategias para protegerse y evitar que se los coman. Veamos algunas.

Los insectos tienen un esqueleto externo duro, a modo de coraza, y, también cuentan con otras armas. Algunas orugas están recubiertas de un vello, que en realidad está formado por agujas recubiertas con sustancias químicas irritantes. Así que ten cuidado cuando encuentres alguna. Los escarabajos ciervo tienen unas mandíbulas gigantes para repeler a sus atacantes. Todos sabemos que las abejas, avispas y abejorros tienen aguijones que pueden causar mucho dolor. Recuerda: sólo pican cuando se sienten amenazados. Probablemente, la mejor manera de evitar un disgusto es quitarte de enmedio con rapidez. Esto es precisamente lo que hacen los saltamontes, dando un gran salto con sus fuertes patas.

Pero volvamos con los murciélagos. Su forma de localizar a los insectos es emitiendo agudos chillidos. Luego, escuchan cómo el eco rebota sobre los insectos. (Es el mismo método por el que tanto los submarinos como las ballenas saben si hay objetos delante de ellos.) Algunas mariposas nocturnas también han desarrollado sus propias defensas. Cuando oyen los gritos de los murciélagos se dejan caer en picado. Luego revolotean de forma sinuosa, por lo que resulta difícil atraparlas. Y muchas ¡se salvan!

Hace mucho tiempo que los insectos descubrieron la guerra química. Los escarabajos bombarderos tienen una cámara especial en el interior de su cuerpo. Mientras mezclan en la cámara unas sustancias químicas especiales, mueven su extremo trasero hacia sus enemigos. Entre tanto se produce una reacción química que eleva la temperatura hasta el punto en que se produce una explosión con emisión de un chorro de jugos ardientes y picantes. ¿Te imaginas el susto que se pegan los ratones o los pájaros cuando intentan comerse un escarabajo bombardero?

¿Te ha picado alguna vez una chinche de jardín? Puedes reconocerla por sus típicas picaduras en forma de escudo. Si te hueles los dedos después de tocar una, ¡puaf! La chinche libera un olor terrible que desanima al más voraz de sus enemigos.

Las plantas de algodoncillo son venenosas para la mayor parte de los seres vivos. Pero las larvas de la mariposa monarca se alimentan de las hojas del algodoncillo y almacenan las sustancias venenosas en su cuerpo. Un pájaro incauto puede divisar los brillantes colores de la larva o la mariposa monarca y cazarla. Pero poco después de comérsela, el pájaro se pondrá muy enfermo. Los pájaros rápidamente aprenden a dejar en paz a las mariposas monarca. Pero hay un dato interesante: hay otro tipo de mariposa, la virrey, que es muy similar a la monarca. No viven en las hojas del algodoncillo y constituyen un buen alimento. Pero puesto que los pájaros tienen que aprender que las monarcas saben terriblemente, evitan también a las virrey. La mariposa virrey tiene una vida mejor, gracias a la monarca.

Otros insectos se autodefienden al adoptar el mismo color que el lugar donde se encuentran, esto se llama *mimetismo*. El insecto palo y hoja es un típico ejemplo. Su cuerpo parece una rama y sus patas ramitas. Tienes que poner mucha atención para distinguirlo. Muchos insectos parecen hojas. Una especie de cigarra americana parece una hoja verde y brillante, con nervios y venas; por el contrario, la mariposa kallima de la India parece una hoja seca. Algunos insectos tienen sobre la espalda una protuberancia que les hace parecer una espina.

De esta manera, las criaturas pequeñas evitan a sus enemigos de manera ingeniosa. Y no es nada fácil.

Lo ves y no lo ves

Los insectos se ocultan de sus enemigos haciéndose difíciles de percibir. Pueden adoptar el mismo color que sus hojas o cortezas favoritas. Esto se llama *mimetismo*. ¿Es realmente un trabajo?

Material necesario

Una zona de césped
Cinta métrica
Un rollo de cuerda
Palos pequeños
Palillos de dientes de colores variados
Un ayudante
Un reloj

Procedimiento

1. Con la cinta métrica mide un trozo de césped de 2 × 1 m. Clava palos en las esquinas y uno o dos más en los laterales. Despliega la cuerda en torno a los palos para delimitar el perímetro del área.

2. Cuenta unos 20 palillos de cada color (entre cuatro y cinco colores diferentes). Incluye el verde, el marrón claro y el rojo. Pide a tu ayudante que los disperse sobre la hierba.

3. Tu ayudante iniciará la cuenta atrás de 10 segundos y en ese tiempo tienes que intentar recoger tantos palillos rojos como seas capaz. ¿Cuántos has recopilado? Luego inténtalo de nuevo, pero en esta ocasión con palillos verdes. Repite la operación con cada uno de los colores. Puedes hacer una tabla, semejante a la de la página 30, en la que reseñes los datos. Cambia de turno y disemina tú los palillos. Tu compañero tiene ahora que recuperarlos.

4. ¿Cuáles fueron los palillos más difíciles de recuperar? ¿Cuáles los más fáciles? ¿Te haces una idea de la manera que utilizan los insectos para ocultarse de sus enemigos?

	1-5 palillos	6-10 palillos	11-15 palillos	16-20 palillos
Rojo				
Verde				
Amarillo				
Rosa				
Blanco				
Marrón claro (madera natural)				

El misterio de las moscas de las flores o cantarias

Las moscas de las flores sólo tienen una defensa: se parecen a las abejas. Del mismo modo que las abejas, se posan sobre las flores para libar el néctar y, como las abejas, tienen rayas amarillas y negras. Los pájaros no intentan comérselas porque no quieren sufrir las picaduras. El disfraz de las moscas de las flores sirvió para que se tejiera una extraña creencia hace cientos de años. Los estudiosos de la antigua Grecia y Roma escribieron en sus tratados que las abejas nacen de los cuerpos en estado de putrefacción. Hasta el siglo XVII se creyó que las abejas nacían de este modo. Lo cierto es que lo que la gente veía eran moscas de las flores, sírfidos. Del mismo modo que otros tipos de moscas, ponen sus huevos sobre cosas en estado de putrefacción. Lo alucinante es la cantidad de tiempo que pasó sin que la gente se diera cuenta de que estas «abejas» no producían ni una sola gota de miel.

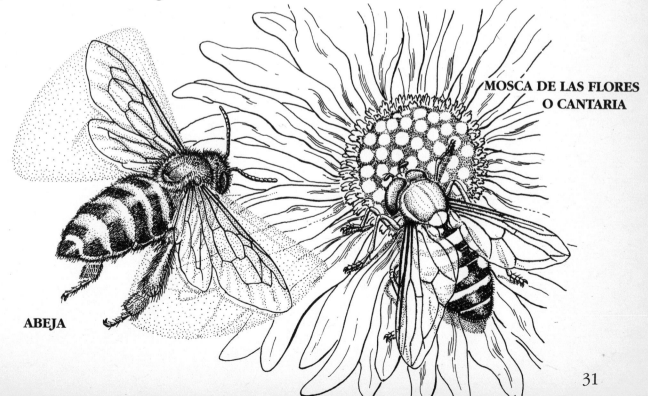

MOSCA DE LAS FLORES O CANTARIA

ABEJA

31

El humo que transformó a las mariposas

Hace unos 150 años, las polillas pimenteras revoloteaban por la campiña inglesa. Tenían alas blancas con pequeñas motas negras, como granos de pimienta. Cuando se posaban sobre los árboles, los pájaros hambrientos no lograban distinguirlas. Poco a poco, fueron naciendo polillas de colores más oscuros. Ya no podían ocultarse al posarse sobre los árboles y los pájaros se las comían.

Tiempo después, en la zona de Inglaterra en la que vivían las polillas pimenteras, se construyeron muchas fábricas. Las fábricas llenaron el aire de humo negro. Los troncos de los árboles se ennegrecieron con el hollín. Y las polillas blancas se convirtieron en un blanco fácil para los pájaros que las engullían rápidamente. Sin embargo, las polillas de color oscuro se ocultaban con mayor facilidad, pusieron sus huevos y tuvieron descendientes. Hoy en día, la mayor parte de las polillas pimenteras son de color marrón oscuro como el hollín. Este cambio gradual en la apariencia de los animales se llama *evolución*.

¿Cómo ven y sienten las cosas los insectos?

Puedo oler sin nariz,
puedo cantar sin voz,
oír con mis rodillas.
¿Qué soy?

La respuesta a este acertijo es *un insecto*. Del mismo modo que tú, los insectos necesitan sus sentidos para sobrevivir. Pero sus ojos, oídos y otros órganos sensoriales son muy diferentes de los tuyos.

Tú tienes que girar la cabeza, a un lado y otro, antes de cruzar una calle. Sin embargo, una mosca con una sola mirada de sus grandes y abultados ojos ve en todas las direcciones. Si alguna vez has intentado atrapar o aplastar a una mosca, sabes bien cómo su vista la protege del peligro. Las libélulas, que cazan a otros insectos mientras vuelan por el aire, también tienen ojos grandes y visión penetrante.

Los ojos de los insectos son muy diferentes de los tuyos. Tienen *ojos compuestos*. Están formados de cientos, e incluso miles, de pequeños ojos de seis caras. Para nosotros es prácticamente imposible imaginar cómo se ve el mundo a través de esos ojos. (El dibujo de la página 34 muestra una sección de un ojo compuesto, es decir, un ojo formado por otros muchos ojos pequeños.)

La capacidad de hablar es muy importante para los seres humanos. Es nuestro principal vehículo para compartir las noticias y las ideas. Los insectos también necesitan comunicarse. Una de las maneras en que lo hacen es a través del sonido, pero no poseen cuerdas vocales. Algunos pueden emitir ruidos estridentes con otras partes de su cuerpo. El canto de los grillos se produce cuando frotan la superficie áspera de sus alas, una contra otra. Los saltamontes emiten un sonido semejante al de una sierra que obtienen al frotar las patas contra el abdomen o las alas. La vibración (movimiento rápido) de una zona de piel en el tórax de las cigarras produce un ruido estridente. Todos estos insectos músicos son machos. La letra de sus canciones dice: «Estoy aquí. Estoy buscando pareja». Si los chicos se quedan esperando, las chichas los encontrarán pronto.

Para oír las canciones, los insectos necesitan «orejas». Pero no las tienen donde cabría esperar. Los grillos y algunos tipos de saltamontes oyen a través de unos agujeros que tienen en las patas delanteras. Las cigarras tienen las orejas en el abdomen.

OJO COMPUESTO Y ANTENA

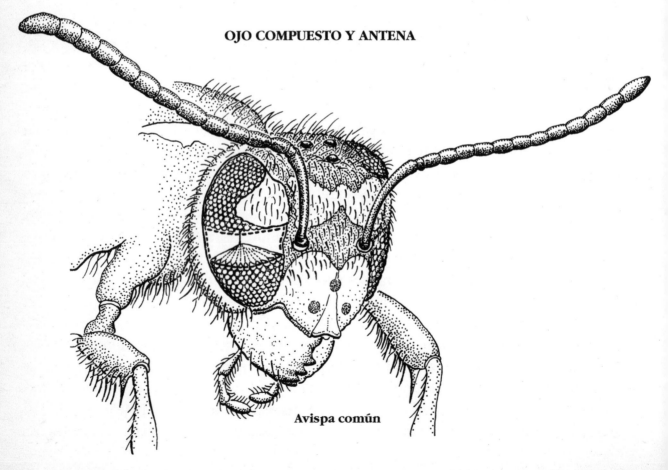

Avispa común

La posibilidad de emitir ruidos y de oírlos les permite a los insectos encontrar pareja con más facilidad. ¿Pero qué hacen los otros? A muchos tipos de insectos los ojos no les sirven demasiado. Si piensas en su tamaño diminuto, comprenderás el porqué. Una pequeña brizna de hierba es como un bosque de árboles gigantescos. Las parejas son muy difíciles de ver. A veces, incluso, son del mismo color que la hierba. Además, muchos insectos sólo son activos de noche, cuando todo está demasiado oscuro para encontrar un compañero.

Los insectos resuelven este problema utilizando el sentido del olfato. Emiten unas sustancias químicas especiales llamadas *feromonas*. Otros animales no pueden olerlas, pero ellos sí. Una polilla macho puede encontrar a una polilla hembra a *varios kilómetros* de distancia, siguiendo su olor. Los insectos captan los olores con dos órganos muy sensibles, que son las *antenas*. Están sobre su cabeza. Algunas son como plumas, otras son rizadas como el cordón de un teléfono, otras tienen forma de cono. Las antenas son muy importantes para el olfato, el gusto y el tacto.

La mayoría de los insectos pasan su vida solos, salvo en la época del apareamiento. Unos cuantos tipos, entre los que se incluyen las hormigas y las termitas, viven en grandes grupos. El interior de sus nidos está demasiado oscuro para utilizar los ojos. De hecho, algunas termitas y hormigas son ciegas. Utilizan las antenas para seguirse unas a otras a lo largo de una senda cuando buscan alimentos y para establecer las diferencias entre amigos y enemigos y evitar el peligro. La comida tal vez no te sabría muy bien si perdieras el sentido del gusto, pero tu vida cotidiana no se vería alterada. Sin embargo, un insecto no podría sobrevivir si perdiera el sentido del olfato.

Escuchando a los insectos

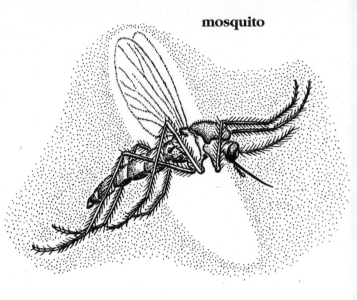

mosquito

Material necesario

Un vaso de papel
Un trozo de papel encerado
Una goma elástica
Un insecto volador

Procedimiento

1. Captura un insecto volador con el vaso de papel. Es fácil lograrlo si eliges un insecto que esté posado sobre una superficie plana, como por ejemplo, una ventana. Rápidamente pon el vaso sobre el insecto de forma que quede atrapado entre el vaso y la ventana.

2. Desliza el papel encerado entre la ventana y el borde del vaso. Gira el vaso, manteniendo el papel sobre la parte superior del vaso para evitar que el insecto se escape volando.

3. Con la goma elástica, fija el papel encerado sobre el vaso.

4. Coloca el vaso cerca de una oreja y escucha. Oirás cómo zumba estrepitosamente. Escucharás los pasos del insecto como si estuviera dando un paseo. El sonido se *amplifica* (se hace más alto) por el vaso y el papel. Es algo semejante a lo que sucede cuando tocas un tambor.

5. Cuando hayas terminado de escuchar al insecto, déjalo en libertad.

El grillo meteorólogo

¿Quieres saber cómo será el tiempo? Los grillos te lo dirán.

Material necesario

Una noche de verano en la que canten
   los grillos
Un reloj
Lápiz y papel
Un termómetro en el exterior,
   para comprobar tus resultados

Procedimiento

1. El chirrido de los grillos es un sonido familiar en las noches de finales del verano. Intenta contar el número de crics que producen en 15 segundos. Utiliza un reloj para contabilizar el tiempo. A veces no es fácil descubrir cuándo termina un cric y empieza otro. Tendrás que intentarlo varias veces.

2. Divide por dos el número de crics que hayas contabilizado en 15 segundos. Luego súmale 6. El resultado son los grados de la temperatura. (Tu resultado puede oscilar un par de grados en relación con la temperatura real. Utiliza un termómetro para comprobarlo.) Por ejemplo, supón que has oído 36 crics en 15 segundos.

$$36 : 2 = 18$$
$$18 + 6 = 24$$

La temperatura es de 24 °C.

Vuelos nocturnos

Descubre una manera fácil de divisar a los insectos que sólo salen cuando el Sol se pone.

Material necesario

Una hoja blanca
Una linterna (puede ser un flexo con un cordón extensible; necesitas poder dirigir la luz)*

Procedimiento

1. Cuelga la hoja blanca en el exterior, por ejemplo en las cuerdas de un tendedero de la ropa.

2. Espera que llegue la oscuridad. Coloca la luz a un metro aproximadamente de la hoja. Ajusta el foco para que ilumine la hoja.

3. Después de una hora (tal vez incluso antes) descubrirás una interesante colección de insectos sobre la hoja. Han sido atraídos por la luz. Probablemente tendrás polillas, escarabajos y moscas. Tal vez sea bueno que captures a alguno de estos insectos para poder observarlos con más detenimiento. Asegúrate de colocar a cada insecto en una jaula independiente, para que no se coman unos a otros.

4. Descubre los tipos de insectos que has capturado. No los guardes durante mucho tiempo, déjalos en libertad a la noche siguiente.

---

* Los insectos son atraídos por la luz que nosotros no somos capaces de percibir, la luz *ultravioleta*. Las «bombillas oscuras» son lámparas fluorescentes especiales que emiten luz ultravioleta. Si puedes conseguir una de estas lámparas, atraerás a muchos *más* insectos.

Lamparillas de la Naturaleza

Las luciérnagas realizan su mágico trabajo las noches de verano en el sur de Canadá, en Estados Unidos, en Europa y en otros muchos lugares del mundo. En realidad, las luciérnagas son escarabajos. Por la noche, el extremo de su abdomen despide una luz brillante y verdosa. Las luciérnagas producen esta luz sin apenas calor. Esto es algo que los inventores humanos no han logrado conseguir. (Cuando las bombillas de tu casa llevan un rato encendidas no puedes tocarlas porque están demasiado calientes.) Algunas luciérnagas hembra no tienen alas y emiten una luz difusa fija. Estas luces permiten que las hembras y los machos se encuentren unos a otros. No hay que olvidar que su trabajo hace que las noches sean mucho más bonitas también para los humanos.

LUCIÉRNAGA

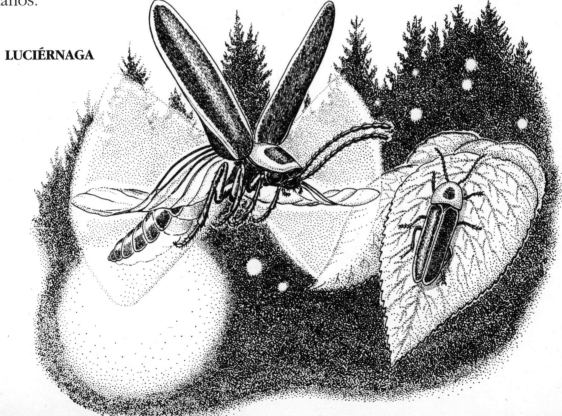

¡Vaya estrépito!

¿Has pasado alguna vez por una calle en la que estén perforando el pavimento con un martillo eléctrico? ¿Has tenido que taparte los oídos con los dedos porque el ruido era verdaderamente estridente? Un grupo grande de cigarras macho apiñadas pueden hacer más ruido que el martillo eléctrico. El fuerte zumbido de la cigarra se produce con la vibración de unos órganos parecidos a un tambor que tienen en un lateral del tórax. El sonido sólo lo producen los machos –las hembras no emiten ninguno– y puede oírse a una distancia aproximada de 1,5 km. ¿Existe algo en la naturaleza que pueda hacer callar a estos ruidosos insectos? Sí, una avispa que cace cigarras (la asesina de las cigarras). Si una asesina de cigarras vuela por algún lugar cerca de un grupo, las cigarras se callarán instantáneamente.

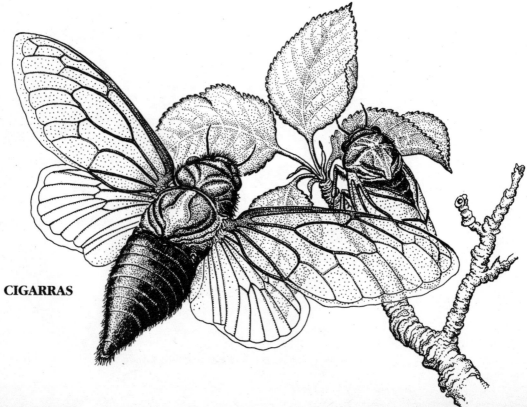

CIGARRAS

40

¿Amigos o enemigos?

Probablemente tengas una idea acertada sobre quiénes son tus semejantes y quiénes no los son. La gente normalmente puede decir quiénes son sus verdaderos amigos. Pero no son tan buenos para juzgar a otros tipos de animales. Para algunas personas, todos los insectos son enemigos: ¡Ug! ¡Cosas sucias que se arrastran! Lo cierto es que la mayor parte de los insectos son inofensivos para los seres humanos. Lo único que desean es vivir tranquilamente sus vidas. No quieren que se les mate por la única razón de cruzarse en tu camino.

¿Has pensado alguna vez en lo que sería el mundo sin insectos? Desaparecerían muchas de las cosas hermosas que vemos y oímos. No habría mariposas de colores luminosos y los grillos no cantarían en las tardes de verano. También desaparecerían otras muchas cosas. Muchos pájaros, peces y otros animales morirían, porque los insectos son su comida. La mayoría de las plantas con flores necesitan a los insectos para que diseminen su polen. Sin insectos también morirían. Muchas de nuestras frutas y verduras proceden de estas plantas, así que nosotros también pasaríamos hambre.

Sin abejas no tendrías miel para tus tostadas. Sin orugas no habría seda. Por otra parte, cosas que *no nos gusta* que estén cerca se apilarían a nuestro alrededor. Sin escarabajos del estiércol la Tierra estaría llena de los deshechos de otros animales. Las moscas, los escarabajos del estiércol y otros insectos se alimentan o ponen sus huevos sobre carne en estado de putrefacción. Sin su trabajo, los cadáveres de los animales yacerían en cualquier lugar.

No cabe duda de que algunos insectos han causado grandes sufrimientos a los seres humanos. Hace algunos siglos, millones y millones de personas morían de malaria. Es una enfermedad que transmiten los mosquitos, que también transmiten otras graves enfermedades. La mosca tsetsé de África pica a las personas y las infecta con la enfermedad del sueño. La picadura de la pulga de la rata transmite la peste bubónica.

La mosca común puede ser la transmisora más peligrosa. Las moscas tienen cuerpos peludos y almohadillas pegajosas en las patas. Recogen todo tipo de gérmenes cuando se pasean sobre el estiércol o la carne podrida. Luego pueden llevar estos gérmenes a las casas de la gente. En algunos países, la gente no tiene baños, ni neveras donde refrigerar los alimentos, y no consiguen mantener alejadas de sus casas a las moscas. Las moscas en estas zonas pueden transmitir todo un amplio catálogo de terribles enfermedades. Entre otras, el cólera, las fiebres tifoideas o la difteria.

Otros insectos pueden causar graves daños a los cultivos. Los agricultores de las llanuras de Estados Unidos y Canadá tienen terror a los grandes enjambres de saltamontes que a veces se comen sus granos. A veces rocían a los insectos con sustancias químicas venenosas. Esto funciona durante un tiempo. Pero es difícil liquidar a los insectos de esta manera. Los insectos normalmente tienen un gran número de descendientes. Piensa por un momento que algunos son un poco más fuertes que otros, de forma que el veneno no puede matarlos a todos. En unas cuantas semanas o meses, los supervivientes estarán poniendo huevos de nuevo. En esta ocasión, muchos de los nuevos insectos que nacen son más fuertes y el veneno no los mata.

Por el contrario, los animales que comen insectos pueden resultar envenenados por los agentes químicos. Es difícil rociar a los insectos con veneno sin que caiga sobre las plantas, que también resultan dañadas. El veneno, además, penetra en los suelos, lagos y ríos. Puesto que la gente come plantas y animales y bebe agua, los agentes químicos finalmente también llegarán a sus cuerpos.

Por esta razón, la gente debe buscar otras maneras de acabar con las plagas de insectos. Sabemos que todo insecto tiene un depredador, es decir, otro insecto que lo devora. En ocasiones, la mejor manera de acabar con una plaga es traer un buen suministro de sus peores enemigos. Hace unos cien años, los naranjos de California fueron asolados por unos pequeños insectos que se llaman cochinillas algodonosas. Se trajeron mariquitas de Australia que se los comieron. En poco tiempo las cochinillas fueron controladas por las mariquitas y la cosecha de naranjas de California se salvó.

¿Comprendes ahora por qué no se debe matar a la gran mayoría de insectos? Tienen su lugar en el mundo, igual que tú. Las plantas también los necesitan. La vida de otras muchas criaturas depende de ellos. Y, puesto que son el alimento de muchos animales, entre los que se incluyen otros insectos, nunca constituyen un problema para nosotros.

Localiza una colonia de pulgones

Los pulgones son pequeños insectos que viven en el jugo de las plantas. No son peligrosos y puedes tocarlos, no muerden ni pican. Mucha gente cree que son enemigos, porque se reproducen tan rápido que cubren totalmente –y matan– las plantas favoritas de un jardín.

Material necesario

Una rama con pulgones encima
Tijeras

Un frasco de cristal lleno de agua
  hasta la mitad
Una lupa

Procedimiento

1. Busca una rama cubierta de pulgones. Son unos insectos muy pequeños, redondos y de color verde pálido. Se encuentran con facilidad en primavera. Puedes verlos sobre un tierno retoño de una planta y en los capullos de las flores. Les gustan especialmente los capullos de rosa.

2. Corta una rama cubierta de pulgones. (Pide permiso antes de cortarla.) Llévala a un interior y colócala dentro del frasco con agua. (El agua mantendrá a los pulgones en la rama.) Asegúrate de que no haya pulgones bajo el agua. Quita la rama y vacía el agua si fuera necesario.

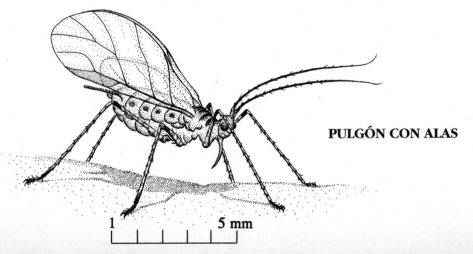

PULGÓN CON ALAS

44

1   5 mm

3. Observa los pulgones con la lupa. ¿Ves sus patas? ¿Cuántas tienen? ¿Ves sus cabezas? ¿Chupan el jugo de la rama? En la parte baja de sus abdómenes, verás unas gotas de líquido. Se llama rocío y a las hormigas les encanta bebérselo. Fíjate en que algunos pulgones son más grandes que otros. Podrás ver a las grandes madres pulgones dando a luz a sus crías. (Muy pocos insectos lo hacen, la mayoría pone huevos.)

4. Mira con detenimiento qué parte de la rama está cubierta por los pulgones. Deja que transcurra una noche y obsérvala de nuevo al día siguiente. ¿Qué ves? ¿Comprendes ahora por qué estos diminutos insectos pueden ser muy dañinos en un huerto o jardín?

MAMÁ PULGÓN DANDO A LUZ

Guerra de insectos

Aprende cómo librar a las plantas de tu jardín de algunos peligrosos insectos de una forma sencilla. ¡Trae a otros insectos que se los coman!

Material necesario
Pulgones sobre una rama
Insectos comedores de pulgones,
    por ejemplo, tijeretas, mariquitas
    o mantis religiosas
Una lupa
Un periódico
Un trozo pequeño de papel

Procedimiento

1. Recoge algunos insectos que sean *depredadores* (insectos que se comen a otros insectos). Las tijeretas y las mariquitas se comen a los pulgones (En la página 11 se explica cómo capturarlos sin hacerte daño.) Probablemente los encuentres en las plantas cercanas a las que tienen pulgones.

2. Tal vez encuentres una mantis religiosa. Si la ves, no te asustes. Es un insecto grande y parece feroz. Tiene unas gruesas patas delanteras con garfios. Pero sus garfios no te pueden cortar a ti. Podrías capturarla con las manos, pero ten mucho cuidado para no estrujarla.

3. Deja la rama con pulgones sobre una hoja de papel de periódico. Pon tu depredador sobre el trozo de papel. Coloca este papel tan cerca de los pulgones como puedas. Observa lo que sucede a través de la lupa.

¿Cuánto tiempo tarda el depredador en encontrar a los pulgones? ¿Cómo se los come? (De un solo mordisco, pero la mantis religiosa puede sostener a los pulgones con sus patas delanteras.)

¿Has visto cuántos insectos pueden utilizarse para mantener un jardín libre de otros insectos? Algunas tiendas de jardinería venden huevos de mariquitas o de mantis para los jardineros que no quieren usar productos químicos con sus plantas.

MANTIS RELIGIOSA SE COME A LOS PULGONES

Pulgas mortales

En el siglo XIV, la gente de toda Europa comenzó a morir de una extraña enfermedad. Nadie sabía las causas y no había medicinas para curarla. Fue una de las peores epidemias (enfermedad violenta que afecta a mucha gente) de toda la historia de la humanidad. Y todo fue causado por insectos. En esa época, prácticamente todo el mundo tenía ratas cerca o incluso en su propia casa. Algunas ratas eran portadoras de una enfermedad llamada peste bubónica. Las pulgas que vivían en esas ratas las picaban. Luego picaban a la gente, que enfermaba. La peste bubónica mató a una cuarta parte de la población de Europa, casi 25 millones de personas.

Capullos preciosos

La seda probablemente sea el tejido más suave y hermoso del mundo. Es posible que hayas oído hablar alguna vez de los gusanos de seda. ¿Pero sabías que estos gusanos en realidad son larvas? Miles de millones de estas larvas se cultivan en las granjas de Japón. Después de unas cuantas semanas de comer hojas de morera, las larvas levantan su cabeza. Un delgado hilo de seda sale de sus bocas: Tejen este hilo alrededor de su cuerpo para formar un capullo. Si se las dejara solas, tardarían meses en salir del capullo. En cambio, los capullos son desenrollados por máquinas especiales. Las finas hebras de seda son trenzadas hasta formar unos hilos más gruesos. Luego estos hilos son hilados en otras máquinas para tejer la seda. Se necesitan 20.000 capullos para lograr un tejido de seda de 500 g.

GUSANO DE SEDA

Órdenes de insectos

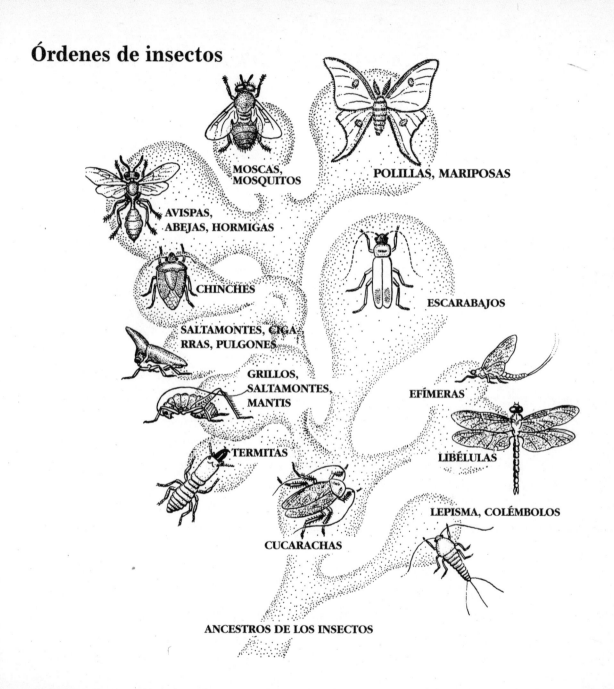

MOSCAS, MOSQUITOS

POLILLAS, MARIPOSAS

AVISPAS, ABEJAS, HORMIGAS

CHINCHES

ESCARABAJOS

SALTAMONTES, CIGARRAS, PULGONES

GRILLOS, SALTAMONTES, MANTIS

EFÍMERAS

TERMITAS

LIBÉLULAS

LEPISMA, COLÉMBOLOS

CUCARACHAS

ANCESTROS DE LOS INSECTOS

Polillas y mariposas: bailarinas del jardín

Las polillas y las mariposas son las mejores bailarinas de ballet del mundo de los insectos. Incluso a la gente que detesta a los insectos, les gusta mirarlas. El aleteo de sus alas las hace parecer delicadas y frágiles como el papel, pero en realidad son bastante fuertes. La piel de las alas se extiende sobre unas duras venas, del mismo modo que una cometa de papel sobre su estructura de madera. Las polillas y las mariposas tienen dos alas en cada lado. Las alas delanteras y traseras están unidas de forma que al moverlas parece que mueven una gran ala.

Las alas de las polillas y mariposas pueden ser de colores muy diversos. Muchas están decoradas con franjas y círculos. Estos colores y diseños se forman por pequeñas escamas superpuestas que cubren las alas. Estas escamas son tan diminutas y suaves que si tocas un ala se deshacen en un polvo fino. Si desaparecieran todas las escamas del ala de una polilla o mariposa, se convertiría en un celofán sin color y transparente.

La mayor parte de las polillas y las mariposas tienen una lengua larga y hueca. Una clase de polilla, la polilla halcón, tiene una lengua de 25 cm de longitud. Es más larga que una pajita de beber, y seis veces más larga que el cuerpo de la polilla. ¿Por qué necesitan una lengua tan larga? Las polillas y las mariposas liban el néctar, el dulce jugo de las flores. Este jugo se localiza en el interior más profundo del centro de las flores, donde no pueden llegar las polillas ni las mariposas. Lo que hacen es introducir su lengua y succionar el néctar. Cuando terminan de utilizar sus largas lenguas, las enrollan y las guardan.

Tanto las mariposas como las polillas empiezan sus vidas como diminutas larvas, que nacen de huevos. La mayor parte de las crías de los mamíferos –mamífero es la familia de animales a la que pertenecemos nosotros– son versiones reducidas de sus madres y padres. Pero las larvas no se parecen en nada a sus padres. Tienen cuerpos largos, elásticos y ondulantes. Algunas son lisas, otras tienen protuberancias y otras son peludas o tienen cerdas.

Es difícil sostener en las manos a cualquier oruga. Es divertido sentir el cosquilleo de sus diminutos y viscosos pies recorriendo tu brazo. Las orugas peludas, con bandas marrones y negras cubriendo la piel, son especialmente mimosas. Puedes observarlas en las orillas de las carreteras vecinales de casi toda Norteamérica. Una oruga que nunca debes coger es la io. Comúnmente son de color verde con bandas marrón-rojizo y blancas en los laterales. Está recubierta de cerdas que pueden picarte y escocerte.

Las orugas sólo pueden arrastrarse lentamente en sentido longitudinal. Afortunadamente, no tienen que desplazarse grandes distancias. Normalmente salen del nido

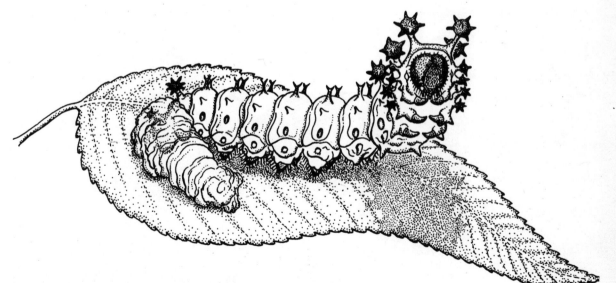

ORUGA CECROPIA MUDANDO DE PIEL

directamente sobre sus platos de comida, sus plantas favoritas. Comen hojas. Y comen y comen y comen. Como te puedes imaginar crecen y engordan muchísimo. Cuando su piel les queda demasiado tirante, la rompen por la espalda. Las orugas se contonean y salen de su vieja envoltura, y siguen comiendo. Las orugas pueden cambiar sus trajes cinco o seis veces antes de pasar a su siguiente aventura.

Es frecuente que la gente piense que las mariposas salen de los capullos. Esto no es del todo cierto. Las polillas son los insectos que fabrican capullos, o mejor dicho, sus orugas. Muchas orugas de polillas se envuelven en capullos de seda antes de convertirse en crisálidas.

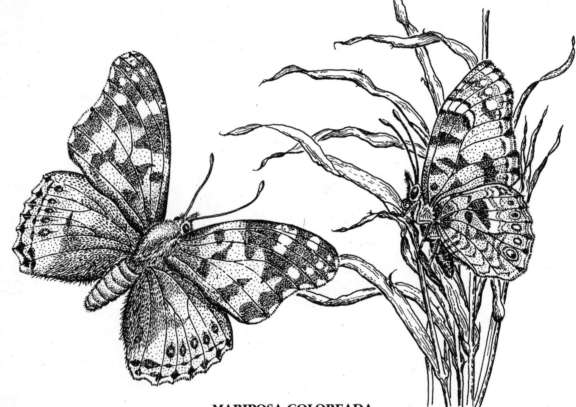

MARIPOSA COLOREADA

Las orugas de las mariposas hacen cosas un poco distintas. Se atan a una rama con una gota de seda. Luego mudan por última vez su piel de oruga. La capa inferior se endurece y se convierte en una cápsula que se denomina crisálida. En el interior de los capullos y las crisálidas sobreviene un cambio mágico. La criatura que sale de estas cápsulas, semanas o meses más tarde, es una mariposa o polilla arrugada. Una vez que sus alas se secan y enderezan, vuela hacia su nueva vida.

Ya conoces una de las diferencias que hay entre las mariposas y las polillas: la forma en la que pasan su estado de crisálidas. ¿Podrías señalar alguna otra diferencia entre una mariposa y una polilla? Bien, si ves alguna volar de flor en flor durante el día, lo más seguro es que sea una mariposa. A las mariposas les encanta la luz del Sol. Si ves alguna volando en torno a una lámpara en el exterior de tu casa por la noche, seguramente será una polilla. La mayor parte de las polillas vuelan por la noche o en las primeras horas de la mañana.

Las polillas normalmente tienen cuerpos más gruesos y peludos que las mariposas. Las antenas también son diferentes. Las antenas de las mariposas son más largas y delgadas con una bola o garfio en el extremo. Las antenas de las polillas normalmente son más gruesas y parecen plumas. Cuando las polillas están durmiendo mantienen sus alas abiertas o planas contra sus cuerpos. Las mariposas las dejan juntas y erguidas sobre su dorso.

Si vives en la mitad oriental del continente, podrás encontrar dos de las polillas más grandes de Norteamérica. La hermosa polilla luna, de color verde pálido y con un lunar u «ojo» sobre cada ala. La polilla cecropia es muy grande y de color marrón polvoriento, mide unos 13 cm. Hay también otras muchas mariposas preciosas. Las mariposas monarca, grandes, naranjas, blancas y negras se localizan también en Norteamérica. Las mariposas macaón, con sus tiras atigradas amarillas y negras, son también muy comunes. En Norteamérica existen unos 10.000 tipos de mariposas y polillas. ¿Cuántos tipos has visto tú?

Recolecta algunos capullos

Material necesario
Una navaja
Una caja de zapatos
Una libreta
Un lápiz

Procedimiento

1. Sal al campo o a un parque o a la calle y busca capullos de polillas. Puedes encontrarlos a lo largo de todo el año. Los verás sobre las hojas, ramas, corteza de los árboles, arbustos, postes de cercas, alféizares de las ventanas o en el interior de garajes o cobertizos. A veces puedes encontrarlos sobre el suelo, entre las hojas muertas o bajo las piedras. Si buscas con paciencia, seguro que descubrirás algunos capullos.

2. Cógelos con mucho cuidado, de forma que la crisálida que hay en su interior no se dañe. Cuando lo recojas del lugar donde se encuentre, tómalo con gran suavidad. Deposítalo en la caja de zapatos para llevarlo a tu casa.

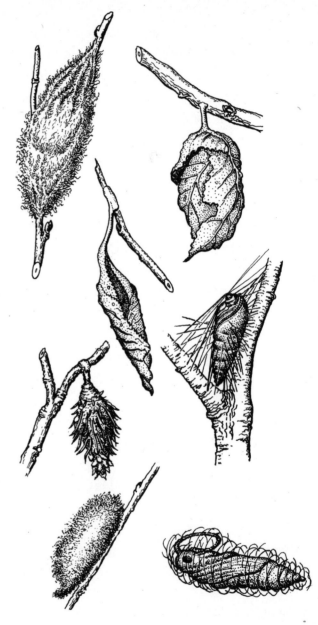

3. Tal vez encuentres capullos adheridos a una pequeña rama de un árbol o un arbusto. No intentes arrancarlo. Es mejor que utilices la navaja para cortar la ramita que sostiene el capullo.

4. Anota en tu cuaderno dónde y cuándo localizaste el capullo. Después, cuando descubras el tipo de capullo, podrás añadir el nombre de la polilla que se forme. (En una biblioteca podrás localizar los datos del capullo buscando en enciclopedias o libros de referencia.)

5. También puede suceder que encuentres un capullo que no contenga una crisálida. O que ésta haya muerto. A continuación te explicamos algunas variantes:

a) Los capullos vacíos o los que contienen una crisálida muerta son más ligeros que los que tienen una crisálida viva. Cuando hayas recolectado varios capullos, percibirás las diferencias en el peso.

b) Algunos capullos son transparentes. Puedes ver si contienen crisálidas.

c) Agita cerca de tu oído, con mucha suavidad, el capullo. Si contiene una crisálida, oirás la sacudida contra la cápsula. Si lo que oyes es un crujido, lo más probable es que esté vacío. El crujido lo produce la piel seca que la polilla dejó en el interior.

d) A veces se observa a simple vista, en un capullo vacío, la abertura que dejó la polilla cuando salió. Un agujero dentado significará que un pájaro, ratón o ardilla se comió la crisálida.

e) Si lo que hay son muchos agujeros diminutos sobre el capullo, significará que la crisálida nunca se convirtió en polilla. Algunas avispas hacen agujeros en los capullos y depositan sus huevos en el interior. Cuando nacen las larvas, se alimentan de la crisálida.

6. Recoge todos los capullos que encuentres, siempre son interesantes para observarlos. Si encuentras alguno con una crisálida, es aconsejable que lo guardes hasta que salga la polilla. En la página 56 te explicamos cómo hacerlo.

EXPERIMENTO

Polillas mágicas

Ésta es una experiencia mágica para gente paciente. La polilla puede tardar meses en salir del capullo, pero será inolvidable el día en que lo haga.

Material necesario

Un frasco de 1 L de boca ancha
Una rama pequeña
Un trozo de tela metálica fina
Una goma elástica gruesa
Un capullo con crisálida en su interior

Procedimiento

1. Deposita el capullo, con mucho cuidado, en el interior del frasco. (La boca ancha facilita la operación. También será más fácil que la polilla salga sin herirse cuando eclosione.)

2. Coloca en el interior del frasco una ramita. Así la polilla tendrá algo a lo que adherirse.

3. Tapa la boca del bote con la tela metálica. Sujétala con la goma elástica. De este modo, la polilla tendrá aire y estará protegida de los ratones o las ardillas. Cuando nazca la polilla, quita la tela para dejarla en libertad.

4. Es mejor que dejes el frasco en el exterior, *en un sitio abrigado*. Un balcón, terraza o porche al aire libre son sitios idóneos. También puedes colocarlo en el alféizar de una ventana. De esta manera, el capullo estará en el exterior, pero podrás vigilarlo desde el interior. Mantenlo en el exterior también en invierno. Al fin y al cabo, si tú no lo hubieras encontrado, el capullo habría pasado el invierno a la intemperie.

5. ¿Cuándo saldrá la polilla? Probablemente en la primavera o en el verano. Algunas pistas te indicarán que la polilla está a punto de nacer. La crisálida se meneará bastante, sacudiendo el

capullo. Tal vez escuches el sonido de arañazos en el interior. El extremo del capullo, por donde saldrá la polilla, puede estar húmedo. Sin embargo, una gran variedad de capullos no presentarán estos síntomas. Lo mejor que puedes hacer es observar el capullo todos los días, especialmente por la mañana. (Muchas clases de polillas salen de sus capullos por la mañana.)

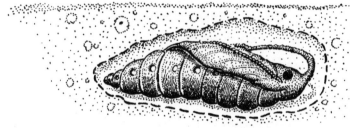

CAPULLO DE POLILLA HALCÓN

UNA POLILLA HALCÓN RECIÉN NACIDA, SECANDO SUS ALAS

6. Finalmente, llegará ese día maravilloso. Con un poco de suerte, estarás presente en el momento en el que la polilla vea la luz. Te sorprenderá lo que sucede. La polilla estará húmeda y arrugada. Una vez que hayan transcurrido algunas horas, sus alas se hincharán y su cuerpo se secará. Por fin, la polilla estará lista para volar. Deséale una vida sana y abre el frasco para que pueda despegar y estrenar sus alas.

¿Cuánto mastica una larva en una merienda?

¿Sabes cuánto puede comer una larva hambrienta en un día? Puedes descubrirlo con un gráfico.

Material necesario

Una larva (oruga)
Un frasco con tapa, como el de la
 página 81
Una planta para alimentar a la larva
2 hojas de papel cuadriculado

Procedimiento

1. Localiza una oruga (larva) e introdúcela en el frasco. Debes alimentarla adecuadamente. Muchas orugas sólo comen un tipo de planta. Lo más probable es que la planta en la que encontraste a la oruga sea su comida favorita. Llévate a casa una rama de esa planta.

2. Utiliza un papel cuadriculado con cuadrados pequeños. Coloca una hoja de la planta sobre el papel. Con mucho cuidado y sin dañar la planta, traza el perfil *completo* de la hoja sobre el papel cuadriculado. Tendrás ahora el dibujo de la hoja.

3. Introduce la rama de la planta en el frasco. Deposítalo en un lugar tranquilo y donde no reciba directamente la luz del sol. Deja que la oruga coma todo lo que necesite a lo largo de un día completo.

4. Cuenta los cuadrados del papel cuadriculado que están ocupados por el dibujo de la hoja. Si un cuadrado está

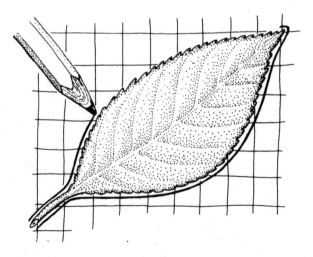

ocupado en menos de la mitad de su superficie, no lo cuentes. Si es más de la mitad, cuéntalo como un cuadrado entero.

5. Cuando haya transcurrido un día, saca la hoja. Es muy probable que tenga un buen número de agujeros. Pon *toda* la hoja sobre la segunda lámina de papel cuadriculado. (Los cuadrados tienen que ser del mismo tamaño que los anteriores.) Traza el perfil. Si tiene agujeros por el centro, señálalos también.

6. ¿Cuántos cuadrados están cubiertos ahora? Resta el número de cuadrados

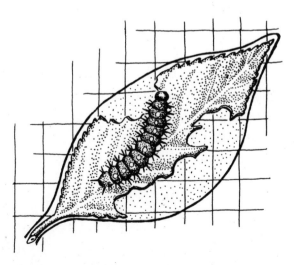

de la silueta de la hoja masticada del número de cuadrados de la silueta de la hoja entera. La diferencia es la cantidad de alimento que ha ingerido la oruga.

Por ejemplo: supón que has utilizado papel dividido en cuadrados de 1 mm. Si contamos los cuadrados cubiertos por la hoja, éste es el resultado:

superficie de la hoja entera 162 mm²
superficie de la hoja masticada 111 mm²

¿Cuántos milímetros cuadrados de hoja se comió la oruga en un día?

162 mm² – 111 mm² = 51 mm²

Realiza esta operación con tu oruga y averigua lo que ha comido en un día.

7. Piensa en la cantidad de ensalada que puedes comerte en una comida. Piensa en tu tamaño. Piensa en lo pequeña que es la oruga, y en cuánta «ensalada» se ha comido. ¿Estás impresionado con su voraz apetito?

8. Devuelve la larva al lugar en el que la encontraste.

La misteriosa máquina de comer

La larva de la polilla polifemo come, en sus 48 primeras horas de vida, alimento equivalente a 86.000 veces su peso de nacimiento. Crece tanto que se convierte en una larva verde, gorda y larga, que mide casi 8 cm de longitud.

Las migraciones de las mariposas monarca

Cuando ves revolotear a las mariposas de flor en flor, no parecen lo suficientemente fuertes como para viajar muy lejos. Algunas mariposas, del mismo modo que los pájaros, también migran. Cada año, durante el mes de septiembre, las mariposas monarca vuelan desde Canadá hasta Florida, México y California, donde pasan el invierno. Recorren unos 3.000 km para huir del frío. En marzo, las jóvenes mariposas, que han nacido en el sur y nunca han visto Canadá, encuentran, de un modo u otro, su camino hacia el norte.

Súper revoloteo

Cuando la mariposa *troides alexandrae* revolotea, las gentes de Nueva Guinea se sientan y observan. Es la mariposa más grande del mundo, sus alas tienen una envergadura de 21 cm. Es un tamaño semejante al de la página de una revista grande. En Nueva Guinea hay polillas que aún son más grandes. La alas de la polilla hércules tienen una envergadura de 28 cm. Estas dos mariposas gigantes son *tres veces* más grandes que la mariposa monarca.

¡Escarabajos por todas partes!

Mariquita, mariquita, vete volando a casa,
tu casa está en llamas
y tus niños están en la cama.

Mucha gente recita este poema cuando captura a una mariquita. Es un insecto muy beneficioso para los hombres, uno de sus mejores aliados. Sus larvas se comen a otros insectos como los pulgones, que causan muchas plagas en huertos y jardines.

La mariquita no es un bicho cualquiera. Pertenece al grupo de los *escarabajos*. Encontrarás escarabajos, incluso en invierno, si miras debajo de un tronco o una piedra. Puedes localizarlos en charcos, en fríos arroyos de montaña, en los desiertos y en las cumbres de las cordilleras.

De todos los tipos de insectos, una tercera parte, es decir, unos 330.000, son escarabajos. ¡Hay tantas clases diferentes de escarabajos como plantas diversas en el mundo! Los hay de muchas formas, tamaños y colores. Son mi grupo favorito de insectos.

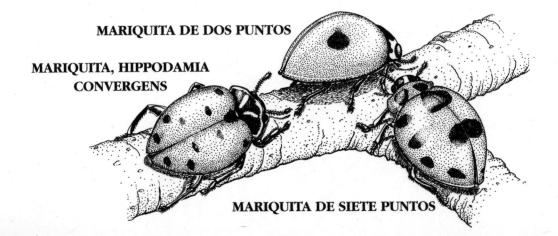

MARIQUITA DE DOS PUNTOS

MARIQUITA, HIPPODAMIA CONVERGENS

MARIQUITA DE SIETE PUNTOS

Pero ¿cómo son los escarabajos? Todos tienen un par de alas duras externas, llamadas *élitros*. Les sirven de protección para cubrir unas alas más frágiles y membranosas que son las que utilizan para volar. El tamaño de los escarabajos es muy variado, hay ejemplares microscópicos y otros que se encuentran entre los insectos más grandes del mundo. Uno de sus rasgos más característicos son las antenas, donde residen sus órganos sensoriales del gusto, el olfato y el tacto. Mira con atención las cabezas de diferentes tipos de escarabajos y descubrirás una fascinante variedad de antenas.

Hay muchas clases de escarabajos muy dañinos. Construyen sus madrigueras en los árboles y destrozan la madera. Succionan los jugos de algunos cultivos, como por ejemplo, el algodón. Pero también controlan a otros insectos que ocasionan plagas, porque se los comen. Y también limpian una gran cantidad de la basura que produce la naturaleza. Vamos a descubrir algunos ejemplos.

Observar a los escarabajos girínidos es francamente divertido, giran tan rápido sobre la superficie de las charcas que no puedes ver cómo son en realidad. Aunque se mueven sobre la superficie del agua, no son anfibios. Tienen unos costados planos que les permiten posarse sobre el agua y mantenerse a flote. Si pones detergente en el agua para reducir la tensión superficial, los escarabajos girínidos no podrán mantenerse a flote y se hundirán. Cuando se zambullen en busca de alimento, llevan una burbuja de aire adherida a su cuerpo.

Si vas de excursión a un bosque es probable que encuentres un ratón o una ser-

ESCARABAJO BUCEADOR

piente muertos. Si regresas al día siguiente a buscarlos, lo más seguro es que hayan desaparecido. ¿Se los habrá comido otro animal? Por lo general, los cadáveres todavía están cerca, pero enterrados ¡por los escarabajos! Estos insectos son recolectores de la basura de la naturaleza. Los machos y las hembras trabajan en pareja. Si no pueden excavar la tierra que rodea el cadáver, la moverán tumbándose sobre sus espaldas y empujándola con las patas. Excavarán un agujero y enterrarán los cadáveres. Las hembras depositarán sus huevos en ese lugar para que cuando nazcan las larvas tengan alimento suficiente. Los escarabajos carroñeros limpian así nuestros bosques.

Los antiguos egipcios veneraron a diversas criaturas, pero entre las más insólitas destacan los escarabajos estercoleros. Muchos de sus ornamentos llevan esculpidos escarabajos. Los escarabajos estercoleros, del mismo modo que los carroñeros, nos libran de los desechos. Algunos tipos de escarabajos estercoleros fabrican bolas con los excrementos de los animales. Luego las llevan rodando hasta un lugar determinado, donde excavan un agujero y guardan la bola. Más tarde, depositarán sus huevos sobre la bola y taparán el hueco. Gracias a estos insectos nuestros campos están libres de una dura y espesa capa de excrementos secos.

Uno de los escarabajos más espectaculares del mundo vive en las zonas madereras. Es el escarabajo ciervo, que puede alcanzar unos 60 mm de longitud. El macho posee unas poderosas mandíbulas que utiliza como defensa. Si se siente amenazado, levanta su gran cabeza y abre sus mandíbulas. Esto es suficiente para ahuyentar a sus múltiples enemigos.

Los escarabajos saltarines tienen una cabeza y un tórax que pueden subir y bajar desde el abdomen. Si atrapas uno y lo colocas sobre su espalda, verás cómo inclinan su cabeza hacia atrás y dan un salto rápido. ¡Atiza! El escarabajo está otra vez sobre sus patas. Es una forma singular de asegurarse que no acabarán como las tortugas sobre su espalda, incapaces de girarse sobre sí mismas.

Apenas hemos esbozado algunos rasgos de unos cuantos escarabajos de los muchos que hay en el mundo. Ahora tienes una idea aproximada de por qué son los favoritos de los amantes de los insectos.

EXPERIMENTO

Una trampa para escarabajos

No es fácil atrapar a los escarabajos carábidos, porque corren sobre la tierra con gran rapidez. Aquí tienes una manera de atraparlos para que puedas observarlos con detenimiento.

TRAMPA PARA ESCARABAJOS

Material necesario
Una lata con la tapa quitada
Una paleta de jardinería

Procedimiento

1. Localiza una parcela de tierra en un jardín o un huerto. Pide permiso antes de excavar. Con la paleta, haz un agujero suficientemente grande para que quepa la lata.

2. Introduce la lata, de forma que el borde quede al mismo nivel de la superficie de la tierra. Comprime la tierra en torno a la lata, para que no queden espacios vacíos.

3. Revisa la trampa por la noche y por la mañana. ¿Has atrapado algún escarabajo? ¿Cuándo crees que los has capturado, por la noche o a la luz del día?

4. Coloca la trampa en diferentes lugares, bajo un árbol, en un terreno con malas hierbas, cerca del césped. (Pide permiso *de nuevo* antes de excavar.) ¿Dónde has conseguido más escarabajos?

5. Una vez que hayas observado bien a los escarabajos (y tal vez llevado a cabo la actividad de la página 65), libéralos.

EXPERIMENTO

Huellas de escarabajo

Seguramente hayas visto cientos de huellas humanas y también de perros y de gatos. Pero ¿has visto alguna vez las huellas de un insecto? Ahora podrás.

HUELLAS DE ESCARABAJO

Material necesario

Un escarabajo
Algún colorante alimentario
Un plato pequeño
Una hoja de papel

Procedimiento

1. Caza un escarabajo (véase la página 64). Guárdalo en la nevera en un frasco, por supuesto, durante unos 10 minutos. Esta medida lo aplacará y será más fácil que puedas manipularlo.

2. Vierte sobre el plato un par de gotas del colorante alimentario. No hagas una piscina demasiado profunda. Necesitas que el escarabajo ande sobre el colorante para que sus patas y la punta de su abdomen se empapen.

3. Haz que el escarabajo se dé una vuelta sobre el colorante y luego sobre la hoja de papel. ¿Qué tipo de huellas ha trazado? Es probable que tengas sobre el papel un patrón en zigzag. ¿Crees que el escarabajo corre sobre las puntas de sus patas o deja una marca más larga sobre el papel?

4. Puedes llevar a cabo esta operación con otra clase de insectos. ¿Hacen todos zigzag?

Escarabajos gigantes

Los insectos más grandes del mundo son los escarabajos goliat del África ecuatorial. Estos campeones alcanzan pesos de 100 g y pueden llegar a medir 11 cm de longitud. Son unos fieros enemigos de otros insectos gracias a sus pesadas y lustrosas «defensas». Resultan inofensivos para las personas. A veces los niños africanos juegan a atarles cuerdas y hacerles volar en círculo como si fueran aviones de aeromodelismo. Los escarabajos elefante de América Central y de las Indias Occidentales son igualmente grandes y fieros de aspecto. Poseen grandes cuernos que sobresalen de su cuerpo una cuarta parte de su longitud.

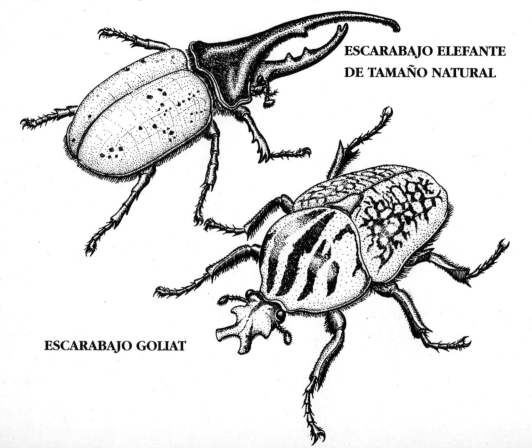

ESCARABAJO ELEFANTE DE TAMAÑO NATURAL

ESCARABAJO GOLIAT

Las abejas, las mejores amigas de las flores

La próxima vez que pasees por un jardín, disfruta de los colores y olores de las flores y piensa en lo siguiente. Las flores no están ahí para el disfrute tuyo o de cualquier otra persona. Los colores brillantes y los aromas son una forma de atraer a las abejas: de susurrarles: ¡tenemos comida para ti!

Las abejas no podrían vivir sin las flores. Y muchas flores no podrían vivir sin las abejas. Las abejas obtienen todo su alimento de las flores y lo consiguen succionando con sus largas lenguas el néctar, el dulce jugo de las flores. También recolectan el polen, el polvo fino y amarillo que producen las flores.

El polen es esparcido de flor en flor, y permite que germinen nuevas flores. Las plantas no se pueden mover. Por lo tanto, necesitan que las abejas desempeñen las labores de *polinización* en su lugar.

Las abejas no se ocupan de la polinización de las flores. Sencillamente es algo que sucede mientras están recolectando su comida. El polen viscoso se adhiere a los pelillos del cuerpo de las abejas. Un poco se lo comen, otro poco lo guardan en unas «bolsas de la compra» que tienen en las patas posteriores. Luego llevan este alimento hasta sus nidos. Pero en el trayecto que hacen de flor en flor, van espolvoreando granos de polen. Y así es como se produce la polinización de las flores.

Si te pidieran que hicieras un dibujo de una abeja, ¿cómo lo harías? La mayor parte de la gente dibujaría rayas negras y amarillas. Y dibujarían un cuerpo con un aguijón. Éste sería un dibujo correcto de una abeja obrera (si la pintas gorda y peluda sería un abejorro). Pero hay muchas clases de abejas en el mundo. Hay abejas negras, azules, incluso, rojas. Algunas no tienen aguijón. Entre las abejas obreras y los abejorros, sólo las hembras poseen aguijón.

En Norteamérica, únicamente las abejas obreras y los abejorros viven en grandes grupos. Se denominan *abejas sociales*. Sus hogares normalmente son madrigueras en la tierra. Las abejas sociales viven juntas en sus nidos. Los abejorros generalmente los construyen en el suelo, sobre madrigueras vacías y abandonadas por ardillas o ratones. Las abejas obreras salvajes generalmente construyen sus nidos en troncos huecos. La mayor parte viven en *colmenas*, unas casas especiales que la gente construye para ellas.

La gente cultiva abejas para poder recolectar su miel. La miel es un gran alimento que las abejas fabrican a partir del néctar y el jugo de sus propios cuerpos. Puesto que las abejas son importantes para nosotros, tenemos que aprender muchas cosas sobre su forma de vida. Sus nidos están formados por pequeñas celdas de *cera*, que elaboran ellas mismas. Cada celda tiene seis lados, ajustándose perfectamente unas con otras para formar el *panal*. Sólo algunas celdas están llenas de miel. Otras sirven como almacenes para el polen. Y otras son las guarderías de los huevos y las larvas.

Al igual que las hormigas, las abejas melíferas tienen una gran reina que pone los huevos y también hay miles de obreras hembras y unos cuantos machos. Las obreras más jóvenes trabajan en el interior del nido. Construyen y reparan las celdas, alimentan a las larvas y se ocupan después de la reina. Si en la colmena hace demasiado frío, se amontonarán sobre las larvas para formar una manta viviente. Si hace demasiado calor, se colocarán en la entrada de la colmena y moverán sus alas para refrigerar el interior.

Ciertas obreras ancianas son las guardianas de la colmena. Pican a los enemigos para matarlos o expulsarlos. Las abejas sólo pueden utilizar su aguijón una vez, pues se queda en el interior de sus víctimas. Al perder el aguijón, mueren.

Otras obreras ancianas parten en busca de comida. Si encuentran algo, regresan al nido para avisar a sus compañeras. Luego, un grupo grande sale para compartir el trabajo de recolectar alimentos.

Cuando tienes algo muy importante que contarle a un amigo, ¿qué haces? Le llamas por teléfono. Si tu amigo vive cerca, vas corriendo a contárselo. Si estás *muy* nervioso por lo que tienes que decir, darás saltos y deambularás a su alrededor. Tu amigo se dará cuenta de que estás nervioso, pero no sabrá por qué, hasta que te hayas calmado lo suficiente como para poder hablar.

Las abejas también tienen cosas excitantes que contar a sus compañeras. Una obrera tendrá que propagar las novedades sobre el maravilloso remanso de flores que ha encontrado. Pero no tiene voz para contarlo. ¿Qué puede hacer? Le cuenta a sus compañeras el mensaje realizando un «baile». Si la comida está cerca, dará una vuelta. Si está lejos, hará una danza en la que formará una figura parecida a un ocho. Las otras abejas calcularán la distancia a la que se encuentra la fuente de alimentos, en función de la rapidez o el número de movimientos del baile.

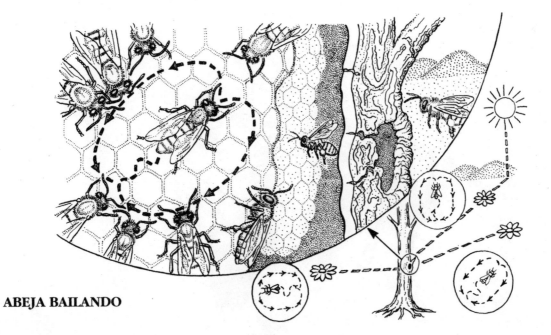

ABEJA BAILANDO

Hay algo aún más sorprendente. Las otras abejas pueden descifrar cuál es la dirección a la que deben dirigirse. La abeja que encontró la comida descifra el ángulo formado por la comida, la colmena y el sol (véanse los dibujos). En su baile representa el mismo ángulo. Luego las abejas partirán hacia las flores, para reunir su comida y, de forma absolutamente casual, permitirnos tener un hermoso jardín.

Jumbos gigantes

Siempre es sorprendente observar el vuelo de un abejorro, aunque no transporte nada, pues uno se pregunta cómo unas alas tan pequeñas y ligeras pueden sostener un cuerpo tan grande y peludo. Cuando vuelan hacia sus nidos, realmente llevan sobrepeso. De hecho, pueden transportar *más del doble de su propio peso* en néctar y polen. Una avión jumbo sólo puede transportar el 40 por ciento de su peso entre la carga y el pasaje.

ABEJORRO

Observatorio de la conducta de las abejas

Puesto que no es muy seguro para nosotros mirar muy de cerca el interior de una colmena, normalmente no vemos cómo las abejas elaboran la miel o realizan sus danzas. Te presentamos algunas ideas para que consigas observar a las abejas mientras hacen cosas interesantes.

Material necesario

Un plato con unas gotas de agua
    mezclada con azúcar
Un plato con unas gotas de agua
    mezclada con un edulcorante
    artificial
2 frascos
2 trozos pequeños de tela metálica

Procedimiento

1. Localiza una zona con flores frecuentada por abejas. A una distancia prudente, observa cómo realizan su trabajo. ¿Puedes ver las bolas de polen amarillo claro sobre sus patas traseras?

2. Fíjate en cómo una abeja se traslada de flor en flor. ¿Existe algún patrón en su trayecto? ¿Visita alguna flor dos ve-

71

ces? (En ciertos casos, algunas personas han observado patrones determinados. En las inflorescencias, las abejas comienzan en el borde del racimo de flores y continúan su trabajo hacia el centro. Sobre flores con formas alargadas, como por ejemplo la salicaria, las abejas empiezan a trabajar por abajo y luego continúan ascendiendo.)

3. Coloca el plato con las gotas de agua azucarada junto a una zona con flores. Luego retírate y observa lo que sucede. Pronto, alguna abeja descubrirá el plato. ¿Qué hace?

4. Después de un rato, la abeja regresará a su nido. Mantendrá el rastro y regresará al plato con un grupo de compañeras. ¿Qué crees que sucede cuando la primera abeja regresa a la colmena?

5. Al día siguiente, pon dos platos. Uno con agua azucarada. Otro con agua mezclada con edulcorante artificial (no tiene valor alimenticio para las abejas). ¿Van las abejas a los dos platos?, ¿les parece un plato mejor que otro?

6. Las abejas necesitan agua durante las épocas calurosas. (A veces podrás observar cómo beben en un charco.) Son muy hábiles para localizar agua, incluso sin tocarla. Puedes comprobarlo por ti mismo. En vez de los platos con azúcar, pon dos frascos. Llena uno hasta la mitad de agua. Pon un trozo de tela metálica sobre la boca. Pon también otro trozo de tela metálica sobre la boca del bote vacío. Los frascos parecerán iguales, pero las abejas conocen la diferencia.

   ¿Hacia qué bote se dirigen?

Fabrica un poco de almíbar de trébol

Ninguna criatura, salvo las abejas, puede transformar el néctar de las flores en miel. Pero tú puedes lograr un dulce almíbar del néctar de un trébol, una de las flores favoritas de las abejas.

Material necesario

1 kg de azúcar
350 ml (1 ⅓ tazas) de agua
1 ml (¼) de alumbre (puedes comprarlo en las droguerías)
Una cacerola grande
Un paño para colar
Un cuenco grande y refractario
Un frasco de boca ancha, con tapa
40 flores de trébol blanco, 20 flores de trébol rojo, 3 pétalos de rosa

ABEJA SUCCIONANDO NÉCTAR

Procedimiento

1. Recoge las flores que necesites. Pide ayuda a una persona mayor para localizar un campo o un jardín que *no* haya sido rociado con productos químicos.

2. Lava las flores y ponlas en el cuenco refractario.

3. Introduce el azúcar, el agua y el alumbre en la cacerola. Deja que hierva durante 5 minutos.

4. Vierte el líquido sobre las flores. Deja que el cuenco con el almíbar se enfríe durante 20 minutos.

5. Cuela el almíbar a través del paño y viértelo en uno de los frascos. Habrás obtenido unos 750 ml (3 tazas) de un almíbar dulce con el suave sabor del trébol. Pruébalo con unas tortitas.

Banquete de miel

Las abejas tienen que realizar unos 80.000 viajes hasta las flores para conseguir una jarra de miel. Tienes que estarles muy agradecido por todo este duro trabajo cuando saborees este banquete de rechupete.

Material necesario

250 ml (1 taza) de mantequilla
   de cacahuete
250 ml (1 taza) de miel (utiliza un poco
   menos si la miel está muy líquida)
250 ml (1 taza) de leche en polvo
Unas rebanadas de frutas desecadas:
   albaricoques, dátiles, manzanas
   o nueces
Semillas de sésamo o coco tostado
Un cuenco para mezclar
Una cuchara grande
Papel encerado
Una bandeja

Procedimiento

1. Extiende el papel encerado sobre la bandeja.

2. En el cuenco, mezcla la mantequilla de cacahuete, la miel y la leche en polvo. Remuévelo junto con las rebanadas de frutas o de nueces.

3. Con las manos, amasa unas bolas de unos 3-5 cm de diámetro. Hazlas girar sobre las semillas de sésamo o el coco.

4. Pon las bolas sobre el papel encerado. Enfríalas en la nevera durante una hora. Con esta receta pueden salir unas 18 bolas de miel y mantequilla de cacahuetes.

Las hormigas, obreras incansables

Las hormigas, al igual que tú, viven en familia. Pero en sus familias, cada individuo tiene miles de parientes. Viven juntas en un hormiguero. Su nido normalmente es una «ciudad» subterránea con muchas cámaras y sinuosos túneles. Y todas estas hormigas tienen ¡la misma madre!

A esta madre se la denomina «reina». Es mucho más grande que el resto de las hormigas. Su única tarea es poner huevos. Otras hormigas hembras, llamadas obreras, alimentan a la reina y cuidan de sus huevos.

Unas larvas blandas y blancas eclosionan de estos huevos. Las obreras las alimentan. También las sacan al exterior cuando hace buen tiempo. Esto es mucho más duro que sacar a pasear a un bebé en su cochecito.

Pronto, la larvas se envuelven a sí mismas, formando capullos. Cuando están a punto de salir los nuevos adultos, las obreras cortan los capullos con sus mandíbulas. Las nuevas hormigas son pálidas y débiles. Transcurrido un rato, se endurece su esqueleto externo y se vuelven oscuras. Están listas para salir a trabajar.

Tal vez ayudes en tu casa, haciendo la cama o sacando la basura. Pero también tienes tiempo para jugar y descansar. Las hormigas obreras siempre están muy ocupadas. Limpian el nido. Transportan a las hormigas muertas, los capullos viejos y los sobrantes de comida a los vertederos de basura. Otras obreras construyen nuevos túneles y habitaciones, con sus mandíbulas como única herramienta. Utilizan la saliva como cemento.

Las hormigas más viejas salen a buscar comida fuera del nido. Algunos tipos de hormigas no ven bien. Sin embargo, huelen a través de sus antenas. Siguen el rastro del olor que han dejado otras hormigas desde sus nidos. Cuando dos hormigas se encuentran en uno de estos circuitos, se dan golpecitos con las antenas. Pueden descifrar gracias al olor si se trata de una hermana o de una extraña. Algunas clases de hormigas comen carne. Matan insectos, lombrices y caracoles mucho mayores que ellas, atacándolos en grupo. Luego trabajan conjuntamente para cortar los alimentos y transportarlos o arrastrarlos sobre la espalda hasta el nido.

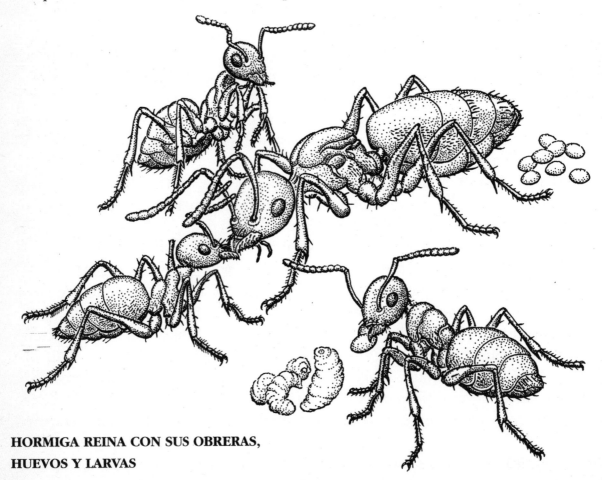

**HORMIGA REINA CON SUS OBRERAS,
HUEVOS Y LARVAS**

76

Otras hormigas se alimentan de semillas y la savia de las plantas. Algunas incluso tienen granjas. Los granjeros humanos cuidan rebaños de vacas para obtener leche. Las hormigas granjeras cuidan unos pequeños insectos llamados pulgones. Los pulgones succionan la savia de los tallos de las plantas. Las hormigas saben que si golpean a los pulgones con sus antenas, éstos producirán una gota dulce. Un líquido dulce que les encanta a las hormigas. Las hormigas llevan a sus pulgones de planta en planta. Los protegen de las mariquitas, que son sus depredadoras.

Las obreras más grandes y fuertes se convierten en guardianas y soldados. Golpean con sus antenas a los que llegan por primera vez al nido. Solamente las hormigas que pertenezcan al nido tienen el mismo olor. Todas las demás serán ahuyentadas. Defenderán su nido con fiereza, utilizando sus fuertes mandíbulas para morder. Algunas hormigas pueden quemar y dejar ciegos a sus enemigos, al rociarlos con un ácido que extraen de sus cuerpos.

Unas cuantas hormigas, nacidas en el nido, no tienen que trabajar. Estas hormigas especiales tienen alas. Algunas son machos y otras hembras. Las obreras las cuidan hasta que están listas para abandonar el nido.

Un día especial, enjambres de hormigas aladas se elevan en el aire. Los machos y las hembras se aparean mientras vuelan. Poco después, los machos caen al suelo y mueren. Las hembras, por el contrario, están a punto de comenzar la mayor aventura de sus vidas. Muchas serán devoradas por los pájaros o las arañas. Pero unas pocas, las más rápidas y afortunadas, se convertirán en reinas.

Las reinas se arrancarán las alas tan pronto como puedan. No las necesitarán más y las retrasarán. Luego buscarán un lugar oscuro y frío donde puedan construir su nido. Pueden hacerlo bajo unas piedras o en una grieta del suelo. Allí depositarán sus primeros huevos y esperarán a que salgan los retoños. Transcurridos unos cuantos meses, una nueva familia de hormigas trabajará afanosamente en su nuevo hogar.

EXPERIMENTO

Salgamos a buscar hormigas

Material necesario

Una bolsa de plástico con un poco
de azúcar en el interior
Una bolsa de plástico con unas cuantas
semillas de hierba dentro
Una bolsa de plástico con unos trocitos
de tocino dentro
Una lupa

Procedimiento

1. Sal al exterior y localiza algunas hormigas que correteen a toda prisa. Puedes encontrarlas en un patio o jardín o en los laterales de un camino.

2. Espolvorea unos granos de azúcar sobre la senda de las hormigas. ¿Qué hacen?

3. Busca un nido de hormigas. Normalmente tienen la apariencia de una montañita de arena con una abertura en la parte superior. Espolvorea unos granos de azúcar en la puerta del hormiguero. ¿Qué sucede?

4. Ahora prueba a esparcir unas cuantas semillas de hierba o unos trocitos de tocino. ¿Qué sucede? ¿Aprendes algo sobre los hábitos alimentarios de las hormigas?

5. Observa a las hormigas con tu lupa cuando salen y regresan al nido. ¿Llevan algo hacia el nido? ¿Qué? ¿Sacan algo del hormiguero? ¿Cómo transportan las cosas? ¿Qué sucede si otro insecto se aproxima a la boca del hormiguero?

6. Sigue a algunas hormigas cuando salgan a trabajar. ¿Toman alguna ruta de forma regular? Cuando se encuentran dos hormigas, ¿cómo actúan? ¿Se golpean la una a la otra? ¿Qué sucede cuando una hormiga se encuentra con otro insecto?

7. Ahora que sabes muchas cosas acerca de las hormigas, podrías escribir un relato sobre las aventuras de una hormiga o dibujar un cómic mostrando el trabajo de las hormigas.

Construcción de un hormiguero

Realiza primero el experimento de la página 78, para que conozcas mejor los hábitos de las hormigas. Luego construye un «pueblo de hormigas» en un frasco.

Material necesario

Bolsas de plástico con cierre
Un periódico
Una pala
Un cubo pequeño
Una cuchara grande
Un frasco de cristal grande con una tapa
    metálica a rosca y goma para sellar
    herméticamente (de los que
    se utilizan para conservas)
Trozos de tela metálica fina
Un bloque de madera
Un trozo pequeño de esponja
    de plástico, de unos 2×2 cm
Cartulina negra
Para alimento: semillas de hierba,
    azúcar

Procedimiento

1. Quita la tapa del frasco. Separa la tapa del sello de goma. Utiliza la tapa como guía para las medidas, corta dos círculos de tela metálica. (Pide ayuda a un adulto para hacer esta tarea.) Necesitas dos círculos para evitar que las hormigas se escapen.

2. Introduce el bloque de madera en el centro del bote. Así las hormigas podrán mantenerse cerca de los bordes, para que puedas observar su trabajo.

3. Localiza un hormiguero. Extiende el periódico a un lado. Excava con la pala en la tierra. Pon la tierra que extraigas sobre el periódico. Mira si hay hormigas, capullos de hormiga (parecen granos de arroz) y larvas. Intenta por todos los medios localizar una hormiga reina, porque tu hormiguero no sobrevivirá sin ella. Es mucho más grande que el resto de las hormigas. Utiliza la cuchara para introducir a todas estas criaturas en las bolsas de

plástico. Realiza estas operaciones con mucho cuidado para evitar dañar a las hormigas y a las larvas. Intenta llevar a tu nido entre unas 30 y 50 hormigas. Es importante que no incluyas hormigas que estén en el exterior, las otras hormigas pueden matarlas.

4. Recoge tierra suficiente en el cubo como para llenar en sus ¾ partes el frasco de cristal. Vuelve a casa.

5. Mete en la nevera durante 10 minutos las bolsas de plástico con las hormigas. ¡No las olvides dentro! El frío hace que se muevan más despacio y así te resultará más fácil manipularlas.

Introdúcelas en el frasco. De nuevo, trabaja con mucho cuidado para evitar causarles daño.

6. Pon los dos círculos de tela metálica sobre el frasco, para impedir que escapen las hormigas. Enrosca el anillo metálico para mantener fija la tela metálica.

7. Alimenta a tus hormigas. Quita el anillo y levanta una esquina de la tela metálica, teniendo cuidado para que no se escapen las hormigas. Pon un trozo pequeño de esponja, humedecido con agua, sobre la tierra. Si mantienes la esponja húmeda, tus hormigas tendrán toda el agua que

DETALLES DE UN HORMIGUERO

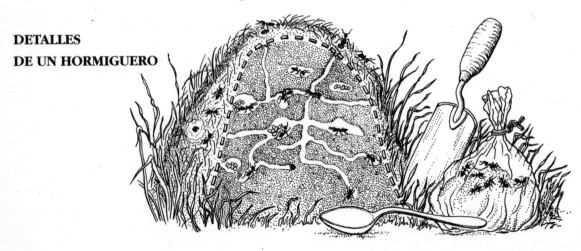

necesitan. Espolvorea sobre la tierra unos granos de semillas de hierba o azúcar. Las hormigas también pueden comer migas de pan o de bizcocho o trocitos de frutas o verduras. Pronto descubrirás lo que más les gusta.

8. Enrosca de nuevo la tapa, manteniendo en su lugar la tela metálica. Cubre los laterales del bote con la cartulina negra. Fija la cartulina, dejando un extremo suelto de forma que puedas levantarlo para observar a las hormigas. Levanta la cartulina solamente cuando necesites ver lo que hacen las hormigas.

9. Mantén a las hormigas a la temperatura ambiente. No pongas el frasco en un lugar que le dé directamente la luz del sol, y no lo coloques cerca de un radiador.

10. Transcurridos unos días, quita la comida sobrante y pon comida fresca para las hormigas.

11. Las hormigas tardarán algún tiempo en sentir que su hogar está en el frasco. Cuando lo consigan, empezarán a construir habitaciones y túneles en la tierra. Verás cómo recolectan comida de la parte superior de la tierra y la almacenan. Observarás también los fragmentos de tierra que trasladan a la superficie cuando excavan sus túneles.

12. Cuando hayas observado bien tu pueblo de hormigas durante un par de semanas, deja en libertad a las hormigas en el lugar donde las capturaste.

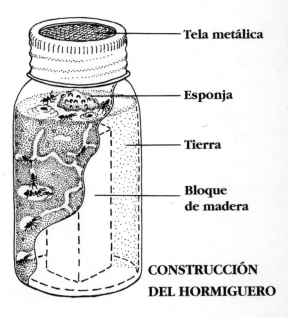

— Tela metálica

— Esponja

— Tierra

— Bloque de madera

CONSTRUCCIÓN DEL HORMIGUERO

Granjeras subterráneas

En las zonas tropicales de América del Sur es posible ver a dos hileras de hormigas moviéndose en direcciones opuestas. Por una línea, las hormigas transportan pequeñas sombrillas verdes. Son hormigas cortadoras de hojas. Viajan más de 1 km para conseguir sus hojas favoritas. Cada hormiga corta un pequeño y primoroso triángulo de la hoja. Luego hacen el viaje de regreso a su hormiguero subterráneo. Cada hormiga transporta su hoja sobre la espalda. Después de todo este trabajo, uno esperaría que las hormigas descansaran y se comieran las hojas. Pero no es así. Llevan las hojas a unas grandes cámaras subterráneas que han construido. Mastican las hojas en pequeños fragmentos y las esparcen. Luego esperan. Después de un rato, comienzan a crecer en las hojas unos hongos. Y por fin, estas minúsculas granjeras cenan ¡hongos!

Guerreros terroríficos

En África y América del Sur, hay criaturas tan fieras que todos los animales huyen de su lado. Las personas abandonan sus hogares. Incluso los elefantes salen corriendo. ¿Quiénes son estos poderosos guerreros? Son ¡hormigas! Miles de hormigas soldado marchan juntas. Sus columnas cubren casi 1 m de ancho y cientos de metros de largo. Ni siquiera los ríos pueden detenerlas. Unas hormigas enlazan sus patas con otras, formando puentes que les permiten salvar el agua. Luego otras trepan por encima.

A medida que el ejército avanza por los campos, las hormigas van devorando todo ser vivo que encuentran en su camino, ya sean otros insectos, serpientes o pájaros. Incluso pueden comerse a los animales grandes, cuando tienen dificultades para salir huyendo, bien sea porque están en un corral o por cualquier otra razón que dificulte su movilidad. ¿Hay algo bueno que decir sobre estas hormigas? Pues, sí. Después de que el ejército haya pasado, los habitantes de la zona vuelven a sus hogares. Descubren que sus casas han sido barridas, eliminando cualquier tipo de plaga, ya sean ratas o pulgas.

Tarteras vivientes

¿Qué es una cosa redonda y amarilla, que cuelga del techo, y reparte comida sin que nadie se lo haya pedido? ¿Te rindes? Es una hormiga. Las hormigas tienen dos estómagos. Al igual que tú, poseen un estómago propio y privado para digerir los alimentos. Pero también tienen un estómago para distribuir alimentos, llamado *buche*. Una hormiga obrera regresa al hormiguero llevando comida en su buche. Otra hormiga le dice que tiene hambre, dándole golpecitos con sus antenas. La hormiga que recolectó los alimentos, vomitará parte de la comida y se la dará a su compañera hambrienta.

Las hormigas recolectoras de miel dan un paso más en esto de compartir la comida. Estas hormigas recolectan las savias dulces de las plantas. Luego sobrealimentan a algunas de sus hermanas. Estas hormigas sobrealimentadas llegan a ser tan grandes y redondas que no pueden andar. Lo único que hacen en todo el día es colgarse del techo del hormiguero, como si fueran gordas alhajas amarillas. Si las hormigas recolectoras de miel pasan una época de hambruna, sólo tienen que comerse a sus tarteras vivientes, llamadas hormigas-odre.

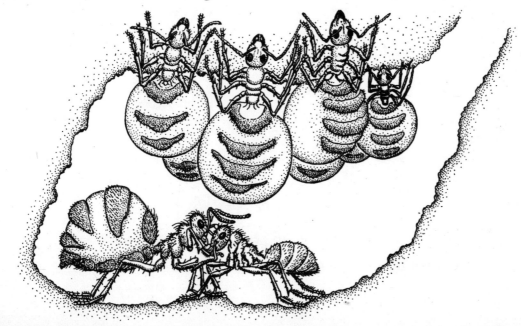

Los arácnidos, parientes de los insectos

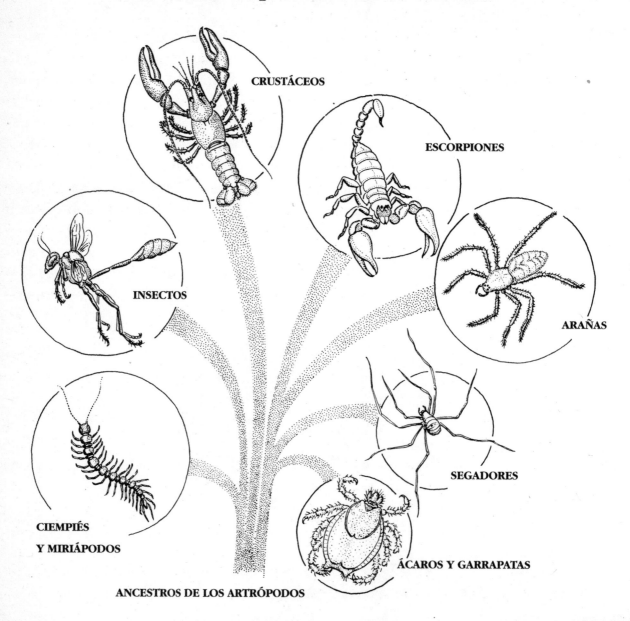

CRUSTÁCEOS

ESCORPIONES

INSECTOS

ARAÑAS

SEGADORES

CIEMPIÉS
Y MIRIÁPODOS

ÁCAROS Y GARRAPATAS

ANCESTROS DE LOS ARTRÓPODOS

Las arañas, enigmáticas tejedoras

¿**T**e gustaría tener algún ojo extra? Un par de ojos en la nuca no vendrían mal. Nadie podría pillarte desprevenido. Y si tuvieras un ojo en cada lado de la cabeza, sería mucho más seguro para ti cruzar una calle. La mayor parte de las arañas tienen ocho ojos, y pueden ver en todas las direcciones de una sola vez.

Las arañas son unas primas lejanas de los insectos. Como los insectos, tienen un exoesqueleto. Pero, a diferencia de ellos, el cuerpo lo tienen dividido en dos partes. Su cabeza y tórax están unidos en una parte, denominada *cefalotórax*. También poseen un *abdomen*. El rasgo más fácil de detectar y que distingue a los insectos y a las arañas es que estas últimas tienen ocho patas. (Como recordarás los insectos tienen seis.) Las arañas pertenecen a una clase de animales llamados *arácnidos*. Las garrapatas, ácaros y escorpiones son parientes de las arañas.

Las arañas ponen huevos, al igual que los insectos. Pero no atraviesan la fase de larvas. De los huevos nacen unas arañitas que son muy parecidas a sus padres, excepto en el tamaño: son mucho más pequeñas. Puesto que crecen mucho, tienen que mudar su piel varias veces. Si todas las arañitas permanecieran en el lugar en el que salen de los huevos, tendrían que competir entre sí por la comida. De hecho, se comerían unas a otras. Necesitan hacer un largo viaje en busca de alimento. ¿Cómo piensas que lo hacen?

Las arañas no tienen alas. Pero tienen una forma de volar por el aire cuando lo necesitan. A través de sus seis *pezones hiladores,* alojados en el abdomen, segregan unas fuertes hebras de seda. La seda es líquida, pero se seca inmediatamente al contacto con el aire. Cuando las arañas necesitan viajar, levantan sus abdómenes y liberan una hebra de seda que es arrastrada por el viento. La fuerza del viento se lleva a la araña. Esto se llama «viajar en globo». Aunque la mayor parte sólo se trasladan unos cuantos centenares de metros, se han encontrado arañas en globo a 4.200 m de altitud. Las arañas también establecen puentes entre un lugar y otro, con hebras de seda más cortas.

Todas la arañas son cazadoras. Utilizan sus colmillos para envenenar a sus presas. Luego les succionan los jugos corporales, dejando un pequeño cascarón seco. Cuando pensamos en las arañas, nos las imaginamos sentadas en sus redes esperando que pase una mosca para capturarla. Así como todas las arañas tienen la facultad de liberar seda, no todas tejen redes para capturar sus alimentos.

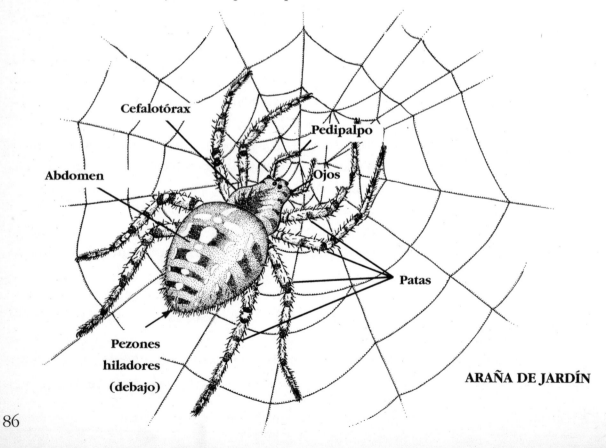

Cefalotórax

Pedipalpo

Ojos

Abdomen

Patas

Pezones hiladores (debajo)

ARAÑA DE JARDÍN

Las arañas lobo saltan repentinamente sobre sus presas. Las arañas más grandes, las tarántulas, construyen madrigueras en el suelo. Estas madrigueras tienen unas puertas de bisagras que son trampas. Las tarántulas se esconden para tender una emboscada a los saltamontes, escarabajos o cualquier otro desgraciado insecto. Las arañas boleadoras producen un olor que atrae a las polillas, luego hacen girar un hilo de seda con una gota pegajosa en el extremo. Las polillas que vuelan hacia el aroma quedan atrapadas al final del hilo.

Algunas arañas hilan algo semejante a una red. Las telarañas que a veces cuelgan de las esquinas de las habitaciones son trozos abandonados de la seda que hilan las arañas domésticas.

Las telarañas más hermosas son las llamadas *telarañas globo*. Las arañas que viven en los jardines y en los patios fabrican estos encajes prodigiosos. Primero, la araña hila algunas líneas fuertes desde la que suspender la red. Luego, la araña extiende líneas longitudinales desde el centro hacia los extremos de la red. Parecen los radios de una rueda. Por último, llega la parte pegajosa donde quedarán atrapados los insectos, la espiral que conecta todos los radios. La araña tiene aceite en la patas, de manera que no se pega a su propia tela.

Las arañas, cuando han terminado de tejer sus telarañas, se esconden y esperan. La lucha del insecto que ha quedado atrapado contra la red hace que ésta tiemble. La araña corre hacia su presa y la envuelve en seda. Este pequeño y pulcro paquete estará listo para cuando la araña quiera comer.

La araña teje su tela para capturar alimentos, no para impresionar a la gente. Pero cuando veas una perfecta telaraña, cubierta con gotas de rocío nacaradas, tendrás que admirar la destreza de su constructora.

Una obra maestra en tu pared

Las telarañas globo pueden ser tan hermosas como el más delicado de los encajes. ¿Sabes cómo recoger una telaraña y colgarla en una pared de tu habitación?

Material necesario
Un esmalte negro o blanco en spray
Un periódico
Hojas de cartulina, negra o blanca
    (utiliza cartulina negra con spray
    blanco y viceversa)
Un par de tijeras
Un ayudante

Procedimiento
1. Elige un día en el que no haya viento. Sal al exterior a primera hora de la mañana, cuando las telarañas globo están frescas. Localiza una telaraña seca que esté en buenas condiciones.

2. Ahora rocía la telaraña con el spray de esmalte. Pide a tu ayudante que sostenga una hoja de periódico detrás de la telaraña. El periódico evitará que el esmalte caiga sobre las flores, los muros o cualquier otra cosa.

(Ten cuidado de no rociar a tu compañero con el spray.)

3. Mantén el bote a una distancia de unos 60 cm de la telaraña, mientras la rocías. Si estás demasiado cerca, puede perforar un agujero en la telaraña. Rocía suavemente la telaraña por ambas caras. Los hilos de la telaraña estarán ahora muy pegajosos.

4. Luego, coloca la cartulina contra la telaraña. Será más fácil si tu ayudante sostiene un borde, mientras tú sostienes el otro. Intenta mantener horizontal la cartulina y tocar todos los hilos de la telaraña al mismo tiempo. La telaraña se pegará a la cartulina en el instante en que entren en contacto, así que no podrás cambiar la posición en la que ha quedado colocada.

5. Con las tijeras corta los hilos que queden colgando.

6. Ahora tienes una bonita telaraña atrapada en una cartulina. Déjala en posición horizontal hasta que se seque, tardará unos 15 minutos aproximadamente. No la toques mientras se está secando.

7. Cuando esté seca, puedes cubrirla con una hoja de plástico transparente para protegerla. Puedes enmarcar tu obra maestra o colgarla en la pared, tal y como está. Luego, disfruta de la belleza de la telaraña mucho tiempo.

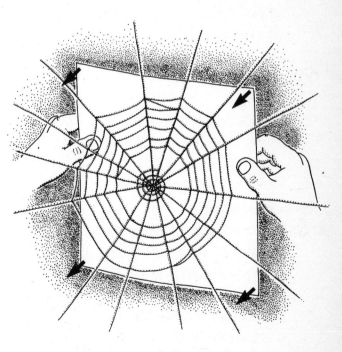

Taller de telarañas

Una araña puede tejer una telaraña para ti solo si le construyes un marco de madera que pueda utilizar.

Material necesario

Una fuente de horno grande,
  por lo menos de 45 × 35 cm
Algunos trozos de madera (de pino o de
  cualquier otro tipo) (*véase* el dibujo)
2 trozos de 50 cm de longitud
  para los postes
2 trozos de 35 cm de longitud
  para los travesaños
2 trozos de 20 cm de longitud
  para los soportes
Clavos
Una araña que teja una telaraña globo,
  del tipo de las arañas de jardín
  amarillas y negras

Procedimiento

1. Sigue las indicaciones para construir un marco para una telaraña. Clava los soportes en la parte inferior de los postes. Clava los dos travesaños a los postes. El dibujo te muestra la disposición del marco.

2. A las arañas les gusta tener un lugar donde esconderse. Pide a un adulto que perfore un agujero de 1 cm aproximadamente sobre el travesaño superior.

3. Llena la fuente con agua. Introduce el marco en el agua. El agua impedirá que se escape la araña.

4. Sal a buscar una araña que esté tejiendo una red globo o que esté sentada en el centro de una. Captura la araña con un frasco y rápidamente ponle la tapa. Ten paciencia, tal vez tardes un poco en encontrar una araña adecuada.

5. Coloca la araña sobre el marco. Es probable que no teja una red inmediatamente. Dale unos dos o tres días de plazo para que utilice el marco. Tejerá su telaraña por la noche o a primeras horas de la mañana. El cuarto o quinto día, por la mañana, descubrirás una telaraña globo en el interior del marco.

6. Si quieres tener a la araña unos cuantos días más, tendrás que alimentarla. Captura con un bote algunas moscas y déjalas en la telaraña. ¿Qué hace la araña?

7. Transcurrida una semana, deja a la araña en algún punto cercano al lugar en el que la capturaste.

EXPERIMENTO

Una gota de seda

Puedes disfrutar mirando cómo una araña se deja caer sobre una cuerda de seda.

Material necesario
Una araña
Un lápiz

Procedimiento

1. Captura una araña. (Utiliza el método del vaso y la cartulina que se describe en la página 11).

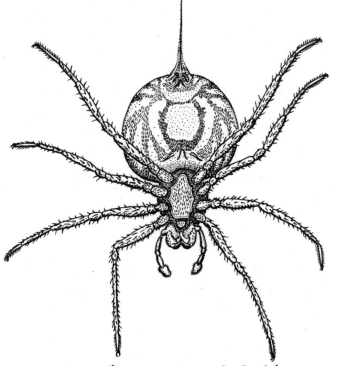

2. Deja que la araña se pasee por el lápiz. Mantén el lápiz a la altura del pecho sobre un trozo de suelo o un camino al aire libre. *Suavemente,* empuja a la araña hacia el extremo del lápiz. Cuando esté a punto de llegar al extremo inferior, dale un empujoncito con cuidado. ¿Qué hace la araña?

3. ¿Cómo desciende? ¿Con qué patas toca la hebra de seda?

4. Antes de que la araña alcance el suelo, tócala ligeramente. Probablemente trepará por su hilo. ¿Cuántas patas utiliza para trepar? ¿Qué le sucede a la hebra de seda cuando trepa?

5. Realiza este experimento con distintos tipos de arañas. Cuando hayas terminado, libera a las arañas en el lugar donde las capturaste.

Un uso sorprendente para una burbuja

Todas las arañas respiran aire, pero las acuáticas viven toda su vida bajo el agua. Tejen una pequeña telaraña bajo el agua y la pegan a las plantas acuáticas. Luego, la araña trepa hasta la superficie. Da un golpe con sus patas. Una pequeña burbuja de aire queda aprisionada contra su abdomen. La araña bucea bajo el agua y pega la burbuja a su telaraña. Sube y baja y en cada trayecto recoge una burbuja. Cada nueva burbuja se combina con las que ya tiene pegadas a la telaraña. Y poco a poco se va formando una burbuja cada vez mayor. Cuando es lo suficientemente grande, la araña se introduce en su hogar burbuja. Ya tiene todo el aire que necesita y también una gran ventana.

Arañas en el espacio

¿Quiénes fueron las primeras arañas astronautas? Fueron dos arañas, constructoras de telarañas globo, apodadas *Arabella* y *Anita*. Viajaron en una nave espacial *Skylab*, para comprobar si podían tejer sus telarañas en el espacio. En el espacio no hay gravedad, la fuerza de atracción de la Tierra. Los científicos creyeron que sin gravedad no podrían tejerlas. Pero las tejieron. Sus telarañas eran tan perfectas como las de la Tierra.

Malas noticias para los insectos

Las arañas aparecieron en la Tierra hace unos 300 millones de años. Fue más o menos por la misma época en la que aparecieron los insectos voladores. De hecho, los estudiosos de los insectos, los entomólogos, piensan que desarrollaron sus alas para huir de las arañas. Hoy en día, existen unas 23.000 clases diferentes de arañas. Todavía devoran insectos en grandes cantidades. De hecho, el peso de los que se comen cada año quizá sea mayor que el peso total de la gente que vive sobre la Tierra.

La verdad sobre las tarántulas

Los directores de cine que hacen películas de aventuras saben cómo dar un buen susto a su público. Sólo tienen que enseñar un plano de la tarántula recorriendo el cuerpo del héroe o la heroína. Lo cierto es que las tarántulas parecen peligrosas. Sus cuerpos son grandes y peludos. Con las patas estiradas pueden alcanzar una anchura de 30 cm. Cuando se sienten acorraladas, se levantan sobre las patas traseras y emiten un silbido. Pero, a pesar de todo esto, son arañas tímidas que se ocultan antes que combatir. Algunas personas, incluso, tienen tarántulas como mascotas. Deben tener mucho cuidado al tocarlas. No sólo porque pueden morder. (Las tarántulas no suelen morder a no ser que se sientan amenazadas, y su mordedura no causa más dolor e hinchazón que la picadura de una abeja.) Sino porque sus pelos se sueltan con facilidad y pueden producir una erupción cutánea.

TARÁNTULA

Índice de experimentos

EL JUEGO DE LA CIENCIA

SALUD Y CALIDAD DE VIDA

Títulos publicados:

1. **Experimentos sencillos con la naturaleza** - *Anthony D. Fredericks*

2. **Experimentos sencillos de química** - *Louis V. Loeschnig*

3. **Experimentos sencillos sobre el espacio y el vuelo** - *Louis V. Loeschnig*

4. **Experimentos sencillos de geología y biología** - *Louis V. Loeschnig*

5. **Experimentos sencillos sobre el tiempo** - *Muriel Mandell*

6. **Experimentos sencillos sobre ilusiones ópticas** - *Michael A. DiSpezio*

7. **Experimentos sencillos de química en la cocina** - *Glen Vecchione*

8. **Experimentos sencillos con animales y plantas** - *Glen Vecchione*

9. **Experimentos sencillos sobre el cielo y la tierra** - *Glen Vecchione*

10. **Experimentos sencillos con la electricidad** - *Glen Vecchione*

11. **Experimentos sencillos sobre las leyes de la naturaleza** - *Glen Vecchione*

12. **Descubre los sentidos** - *David Suzuki*

13. **Descubre el cuerpo humano** - *David Suzuki*

14. **Experimentos sencillos con la luz y el sonido** - *Glen Vecchione*

15. **Descubre el medio ambiente** - *David Suzuki*

16. **Descubre los insectos** - *David Suzuki*